新媒体和电商数据化运营

用户画像+爆款打造+营销分析+利润提升

（第2版）

王力建 编著

U0274665

清华大学出版社

北京

内 容 简 介

如何借助数据分析打造爆款产品？如何用Excel分析新媒体与电商运营数据？这些问题的答案都可以在本书中找到。

本书包括12章专题内容、140多个纯高手干货技巧，从数据分析的概念、数据平台、图文平台、视频平台、直播数据、用户画像、用户兴趣、市场行业、爆款打造、店铺流量、提升效益、增加销量等角度，帮助大家从新手成长为新媒体和电商平台数据化运营高手。

本书适合新媒体和电商平台的数据分析人员、新媒体和电商运营的创业人员、处于新媒体和电商运营低潮的商家或企业、对新媒体与电商运营感兴趣的人群、Excel数据分析的初学者或者爱好者阅读，还可以作为各中、高级Excel用户的辅助教材。

图书在版编目(CIP)数据

新媒体和电商数据化运营：用户画像+爆款打造+营销分析+利润提升/王力建编著. —2版. —北京：清华大学出版社，2022.2
ISBN 978-7-302-59985-2

Ⅰ. ①新… Ⅱ. ①王… Ⅲ. ①传播媒介－运营管理 ②电子商务—商业经营—运营管理 Ⅳ. ①G206.2 ②F713.365.1

中国版本图书馆CIP数据核字(2022)第020778号

责任编辑：张　瑜
封面设计：杨玉兰
责任校对：李玉茹
责任印制：曹婉颖
出版发行：清华大学出版社
　　　　网　　址：http://www.tup.com.cn, http://www.wqbook.com
　　　　地　　址：北京清华大学学研大厦A座　　　　邮　　编：100084
　　　　社 总 机：010-83470000　　　　　　　　　邮　　购：010-62786544
　　　　投稿与读者服务：010-62776969, c-service@tup.tsinghua.edu.cn
　　　　质量反馈：010-62772015, zhiliang@tup.tsinghua.edu.cn
印 装 者：北京博海升彩色印刷有限公司
经　　销：全国新华书店
开　　本：170mm×240mm　　印　　张：15.75　　字　　数：300千字
版　　次：2019年1月第1版　2022年4月第2版　印　　次：2022年4月第1次印刷
定　　价：69.80元

产品编号：093580-01

前 言

近年来新媒体和电商行业快速发展，各种类型的新媒体平台和电商平台不断涌现，越来越多的人开始接触和从事与新媒体电商相关的工作。

一方面，随着经济的发展，互联网渗透人们生活的方方面面，网络对人们的影响越来越大，甚至有了全民冲浪的趋势。不论是图文类、短视频类还是直播类的新媒体平台都积累了一批数量可观的用户，并且随着时间的推移使用人数仍在不断增加。

另一方面，随着"新媒体＋电商"运营模式的推广，使新媒体账号运营得好坏直接影响着运营者和商家的收益。越来越多的新媒体行业从业者和电商商家开始注重将账号推广运营方案与粉丝用户属性相结合，用各种方法来吸引更多流量并将其变现，从而提升收益。

对于运营者和电商商家来说，如今的网络环境，人们对新媒体账号发布内容的需求有所增加，同类型的新媒体账号也有很多，所以竞争非常激烈。在这种情况下，运营者和商家要善于运用各种数据分析技巧来把握账号的整体情况和实时热点。只有这样，才会有更多的人看到并关注你的账号。

因此，为了帮助大家更好地掌握新媒体运营的数据分析技巧，轻松玩转新媒体运营，笔者结合个人实战经验编写了本书。本书通过 12 章专题内容、140 多个干货技巧，对数据分析运营的关键内容和具体操作步骤进行了解读。大家只需要读懂并运用书中的知识，便可以快速提高自身的数据分析能力。本书中操作步骤比较多，每个操作步骤都配备了具体演示图片，所以即便是不了解新媒体运营和数据分析的读者也能快速读懂本书，并运用书中的知识快速掌握数据分析技巧和操作方法。

需要特别提醒的是，在编写本书时，有些图片是笔者基于当时各平台和软件的实际操作的截图，但本书从编辑到出版还需要一段时间，在这段时间里，软件界面与功能会有所调整与变化，比如有的内容删除了，有的内容增加了，这是软件开发商做的更新，请在阅读时，根据书中的思路，举一反三地进行学习。

本书由王力建编著，参与编写的还有江秀妮等人，在此表示感谢。由于作者知识水平有限，书中难免有不妥和疏漏之处，恳请广大读者批评、指正。

编　者

目 录

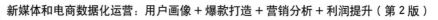

第 1 章

初步认识数据分析

随着数据时代的到来，很多人都听过"数据分析"这个词，但对于数据分析的基本内容却不太了解，本章将从收集数据的要点、构建用户画像的意义、后台用户数据分析、用户属性分析 4 个角度出发让大家对数据分析有个基本认知。

1.1 学习预热，了解本书定位

在阅读本书之前，先来对本书进行预热。本书主要有 3 大要点，分别是读者定位、内容定位、特色定位。通过了解本书的 3 个要点，能让读者快速了解全书脉络，便于后面的阅读，也能让读者找准自己的目标，准确地定位自己，最后得到意想不到的收获。

1.1.1 读者定位：本书适合人群

本书思路清晰，内容丰富，语言简洁明了，以图文并茂的方式贯穿全文，为以下几类人群提供借鉴。

（1）新媒体和电商平台的数据分析人员。本书采用数据化分析对新媒体运营的用户画像、爆款打造、营销运营与利润提升 4 个方面进行详细解读。从基础要领到各个经典案例，以全程图解的形式，对每一个知识点进行介绍，让读者容易看懂并掌握相关技巧，让无任何基础的读者也可以充分运用数据分析工具快速掌握新媒体及电商数据分析的运营方法。

（2）新媒体和电商运营的创业人员。新媒体数据最大的价值就在于为相关人员提供一个重要参照依据。而本书则旨在为新媒体和电商运营的创业人员怎么运用各类工具对数据进行分析提供指导，让大家能够通过本书实实在在地对数据有一个很好的了解，认识到数据的重要性。

（3）处于电商和新媒体运营低潮期的商家。本书从 4 个方面讲述新媒体数据。用户画像和营销运营这两个方面的内容可以帮助新媒体运营商家更好地了解客户的需求、兴趣等方面的内容，以便商家能给客户提供想要的商品，优化营销运营的策略。爆款打造、利润提升这两个方面的内容正是解析如何将商品打造成爆款，提升自己的利润，所以本书非常适合这类商家观看学习。

（4）在各类新媒体平台从事相关工作的人员。本书会根据不同类型平台的运营模式讲解相关数据的具体分析，以文字与图片相结合的方式展现出来，以便节省大家的时间，提高阅读效率，是一本很好的辅助读本。

1.1.2 内容定位：重点知识阐述

本书围绕新媒体与电商运营重点对大家关心的用户画像、爆款打造、营销运营、利润提升这 4 大内容进行解读，并配以具体的应用案例增强说服力。无论您是零基础学习如何进行新媒体和电商营销，还是希望找到更有效的运营策略，都能从中找到技巧。

具体来说，本书对数据分析、分析工具、运营平台、用户数量、用户属性、用户兴趣、爆款行业、爆款产品、爆款流量、运营平台、增长销售、效益提升这

12 大内容进行了具体的解读。

而在对每个知识点进行具体解读时，又按照是什么、为什么、怎么做、何时做、谁来做的基本思路层层梳理，让大家不仅可以了解相关内容，还能将本书中的技巧快速运用到实际生活中。

1.1.3 特色定位：本书独特之处

本书作为一本实用型书籍，其特色亮点主要体现在以下几个方面。

（1）思路清。本书根据 5W2H 法（What：是什么；Why：为什么做；Who：谁来做；When：何时做；Where：在哪里做；How：怎么做；How much：做多少）安排内容，通过问答的形式呈现全书结构，读者一看便能知道本书的行文思路。每个知识点则从知识解析、效果欣赏、操作过程 3 个板块分别进行解读，让读者快速把握相关内容。

（2）内容精。全书对数据分析、分析工具、运营平台、用户数量、用户属性、用户兴趣、爆款行业、爆款产品、爆款流量、运营平台、增长销售、效益提升等内容进行了详细论述。可以说关于新媒体与电商数据化运营的重点知识全部涵盖在本书里。

（3）实操强。本书中关于如何进行数据分析，其中陈列的每个案例均是实践所得，并配以详细的图文、标注步骤过程，相关操作读者一看便懂。本书对新媒体与电商及相关的运营人员可以提供一定的借鉴。

（4）案例广。本书在对相关知识点进行解读时，大多会用具体的案例进行说明，因此，本书中案例非常多，运营者都可以从中找到实用的运营技巧。

（5）图文多。本书在内容的呈现上采用图文并茂的形式，每一个经典案例都是通过实际的操作一步一步地呈现给大家，不愁看不懂。这在减轻阅读压力的同时，可以通过更加形象的内容呈现，给读者留下深刻的印象。

1.2 新媒体数据分析要点

数据时代主张用数据说话，事物可以通过分析数据来阐明利弊。想要分析数据，就必须学会数据分析的流程。一般来说，数据分析的流程包括收集数据、整理数据、将数据转变成图形、分析数据和得出结论 5 点，运营者通过一系列的操作流程，可以熟练掌握数据分析的操作要点。

1.2.1 收集数据查看要点

收集数据是数据分析的前提，运营者可以通过账号的主页和其他第三方数据分析平台收集数据。

1. 账号主页

大多数新媒体平台都会设置专门的账号主页，在账号的主页面中运营者可查看账号的相关数据。以公众号为例，在公众号的主页面中便可查看账号的总用户数、新增用户数等信息。图 1-1 所示为某公众号的后台主页，可以看到该账号的粉丝数为 83949 人。

图 1-1　某公众号账号后台主页

另外，在账号后台的"统计"菜单中还可以看到"用户分析""内容分析"等其他关键数据的统计分析情况，如图 1-2 所示。

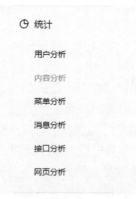

图 1-2　公众号账号后台"统计"菜单

2. 第三方数据分析平台

运营者在收集数据时可以借助第三方的数据分析平台，这类平台可以对账号各方面的数据进行全方位的分析，运营者想查看哪一方面数据只需要找到对应板块就可以了。

网上相关的第三方平台有很多，运营者可以根据账号类型来选择适合的平台。例如，图文类平台的数据分析可以选择百度指数、清博等平台；短视频这一类平台的数据分析可以选择飞瓜、新博等平台；直播类平台的数据分析可以选择蝉妈妈、灰豚等平台。

1.2.2　整理数据是关键

运营者要整理数据，首先要将后台的数据导出来，获得原始数据之后再进行加工处理。

在账号的后台是可以获得原始数据的，以公众号的操作为例，在数据表格中，单击"下载表格"按钮，就能把数据直接导出到 Excel 表格中，如图 1-3 所示。

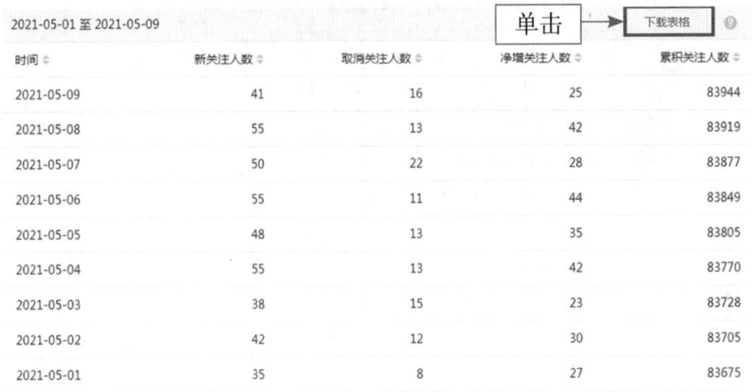

2021-05-01 至 2021-05-09				单击　→　下载表格
时间 ⇅	新关注人数 ⇅	取消关注人数 ⇅	净增关注人数 ⇅	累积关注人数 ⇅
2021-05-09	41	16	25	83944
2021-05-08	55	13	42	83919
2021-05-07	50	22	28	83877
2021-05-06	55	11	44	83849
2021-05-05	48	13	35	83805
2021-05-04	55	13	42	83770
2021-05-03	38	15	23	83728
2021-05-02	42	12	30	83705
2021-05-01	35	8	27	83675

图 1-3　单击"下载表格"按钮

之后对数据进行整理的方法有很多，例如，剔除多余的、无用的数据或元素，以免对后面的数据分析造成某种干扰，选择"删除"选项即可，如图 1-4 所示。

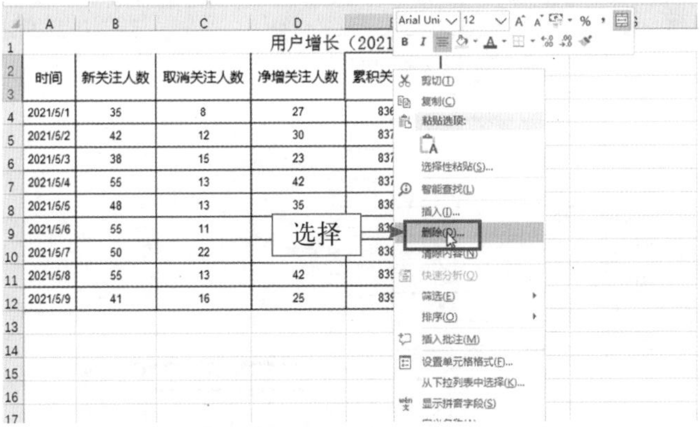

图 1-4　删除不需要的元素

可以对数据进行简单的计算，以发现更多的信息点，为后面的数据分析打下基础，数据的计算包括求和、平均数计算等，数据计算的方式：❶单击"公式"选项卡；❷单击"自动求和"按钮，选择计算公式，如图 1-5 所示。

图 1-5　数据计算

对于一些需要特别注意的数据，为了不在后面的分析中将其遗忘，可以将其标注出来，例如，改变数据颜色、字体、为单元格填充颜色等，改变数字颜色只要单击"字体颜色"按钮，就能选择想要的颜色。如果要进行其他标注，❶可以选中数据，单击鼠标右键；❷在弹出的下拉菜单中选择"设置单元格格式"选项，如图 1-6 所示。

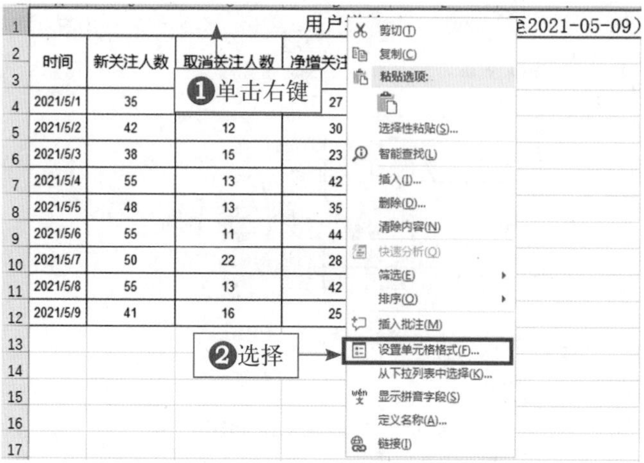

图 1-6　选择"设置单元格格式"选项

1.2.3　根据图形分析数据

数据其实可以有多种表现形式，纯数据表格往往会让人一下看不到重点，所以整理好数据后，就要将数据的形式转变，以方便运营者观察数据。如图 1-7 所示，为"新关注人数"的折线图。

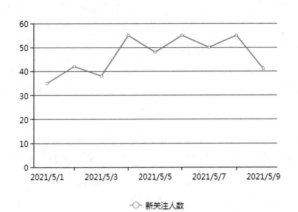

图 1-7 "新关注人数"的折线图

对于数据的表现形式，本书总结了以下几点内容。

- 折线图：可以用于分析数据随时间连续变化的趋势。
- 饼图：可以用于分析数据的占比大小与数据总和之间的关系。
- 条形图：可以用于对各项数据进行对比。
- 面积图：可以用于分析数据的量随时间变化的递减程度及总值。
- 散点图：可以用于表现若干个数据点之间的关系。

1.2.4　分析新媒体运营数据

收集数据、整理数据之后，就要对数据进行分析，需要将数据进行对比，分析趋势变化并且找出其中的一些特殊点，再结合平台具体的运营情况进行分析。

例如，看到某个时间段阅读量暴增或者骤减，这个时候运营者就必须去了解该时间段内推送的文章是什么，都有什么特点，然后查出导致阅读量暴增或者骤减的原因。

例如，平台的新增用户在某个时期突然持续性地暴增，那么很有可能是微信公众号平台在这个时间里发布了活动，从而导致用户持续增加，也有可能是其他原因导致平台用户持续增长，运营者需要根据这些数据，将深层次的原因找出来，为以后的平台运营打下基础、积累经验。

1.2.5　得出优化营销方式

分析完数据后，就要得出结论了，结论通常是用来解释造成这种数据的原因，运营者通常要综观全局，才能发掘出最深层次的原因。

例如，对于某个全国连锁店的商家来说，通过新媒体平台，发现某个省的用户分布比较多，比其他省要高出很多，这个时候，平台运营者就需要分析为什么会出现这样的情况。运营者从多个角度提出设想，进行对比分析，然后发现是该省的宣传工作做得更好，使该省的用户数量比较多。

最后得出结论：一些小小的举动往往能够带来意想不到的结果。因此，公司就将该省的宣传手段推行到其他的连锁店，来帮助提高企业其他新媒体平台的粉丝量。

1.3　构建画像的意义

粉丝经济时代，用户画像在任何领域中都能够起到非常重要的作用。通过用户调研、数据分析、问卷访谈等方式，将用户的一些基本信息和行为属性综合起来，然后得出用户的精准画像，让用户这个角色更加立体化、个性化、形象化，帮助运营者针对用户的属性特点，找出更好的运营方式。

1.3.1　分析用户画像的含义

用户画像又叫用户角色，是团队用来分析用户行为、动机、个人喜好的一种工具，用户画像能够让团队更加聚焦用户群体，对目标用户群体有更为精准的了解和分析。

对于运营者来说，如果没有一个精准的期望目标，用户画像模糊，比如既囊括男人女人、老人小孩，又囊括文艺青年、热衷八卦的青年等，这样的产品终究会走向消亡。

用户画像除了包括综合人体属性、兴趣、地域、预购等要素之外，其实还有更多细化的内容，例如：

- 婚否；
- 身高体型；
- 购买力；
- 购物类型；
- 颜色偏好；
- 消费信用水平；
- 是否有房、车；
- 心理健康程度；
- 社交类型和活跃度等。

1.3.2 分析用户画像的作用

对于新媒体平台来说，每一个平台都是为特定的用户提供服务而存在的，不存在某个平台适合每一个人。而作为一种虚拟形象存在的用户画像，它并不是运营者脱离实际虚构出来的，而是由一群有一定代表性的用户群体和目标受众的各类数据总结而来的。

用户画像最核心的目的是给用户打上一个标签，从而实现数据的分类统计，比如在北京地区的总用户有多少，喜欢唱歌的用户有多少，男性用户和女性用户分别是多少，等等。

除了利用用户画像数据做最简单的数据分类统计之外，还可以进行关联数据计算和聚类数据分析等。例如，在北京地区的女性用户占多少比例，在北京地区的用户年龄分布情况，等等。

用户画像通过大数据处理方式，为运营者带来了更为便利、更加精准化的数据结果，让运营者在投放广告或投放平台内容的时候，能够准确地抓住用户的心理，将他们想要的信息投放出去，满足他们的需求。

1.3.3 构建用户画像的方法

在学习构建用户画像之前，运营者必须知道一个优秀的、令人信服的用户画像需要满足以下5个条件。

● 基本性：指该用户画像是否基于对真实用户的情景访谈。

● 真实性：数据要真实，用户画像要像真实的人物一样被呈现出来。

● 目标性：用户画像是否包含与产品相关的高层次目标，是否包含关键词来描述该目标。

● 数量：用户画像的数量最好不超过3个，以便设计团队能记住每个用户画像的特点。

● 应用性：确保团队能够利用用户画像进行相关产品的设计决策。

构建用户画像主要分为5个步骤。

（1）数据的收集和准备工作：确定平台用户类型，设计数据分析的方案和提纲。

（2）制作亲和图：把在不同平台收集到的大量的定性资料，按照其相近性进行归纳整理。

（3）人物原型框架：将亲和图中用户的重要特征描述出来，形成用户画像的框架。

（4）优先级排序：运营者可以和产品、市场以及各组领导一起来完成用户画像的优先级排序工作。

（5）完善人物原型：这是最后一步，完善用户画像。

1.4 分析后台用户数据

处理任何事情都应该学会把握其重点，新媒体的数据分析也是如此，运营者在进行数据分析时也要把握账号相关的重点数据。以微信公众号为例，在微信公众号后台，有一个数据指标能够帮助运营人员了解用户的动向，那就是"昨日关键指标"。在"昨日关键指标"上，运营者可以看到 4 类数据，分别是：

● 新关注人数；
● 取消关注人数；
● 净增关注人数；
● 累积关注人数。

如图 1-8 所示为某公众号"用户分析"功能项下的"昨日关键指标"数据显示页面。

用户分析

用户增长　用户属性　常读用户分析

ⓘ 本页根据昨日数据来计算，而用户管理页根据当前数据计算，两者不一致。

昨日关键指标				
新关注人数	取消关注人数	净增关注人数	累积关注人数
41	16	25	83944
日 ↑25.5%	日 ↑23.1%	日 ↑40.5%	日 ↑0%
周 ↓2.4%	周 ↓33.3%	周 ↑16.7%	周 ↑0.3%
月 ↓44.6%	月 ↓11.1%	月 ↓55.4%	月 ↑1.2%

图 1-8　"昨日关键指标"数据显示页面

从图 1-8 可以看出，"昨日关键指标"主要是以"日""周""月"为时间单位轴，分析用户数量在不同时间点的变化情况。

在平时，运营者可能还看不出这些数据的变化，但是当微信平台推出了新的活动后，这些关键指标就能起到很好的作用了，它能够反映新活动的效果，让运营人员根据这些数据指标总结经验，查漏补缺。

1.4.1 新增人数

在"昨日关键指标"下方，运营者还能看到"新增人数""取消关注人数""净增人数""累积人数"的趋势图。

　　本小节主要为大家分析"新增人数"趋势图。在"新增人数"趋势图中，运营者可以选择"最近 30 天""最近 15 天"和"最近 7 天"这几个时间段对"新增人数"的趋势图进行查看。图 1-9 所示为"最近 30 天"的"新增人数"趋势图。

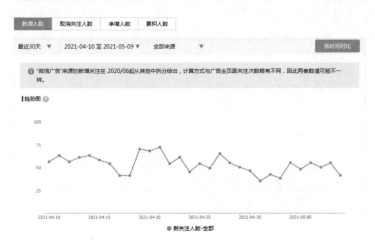

图 1-9　"最近 30 天"的"新增人数"趋势图

　　将鼠标指针指向不同的节点（日期点），还能够看到该日期下详细的新增人数数据，如图 1-10 所示。

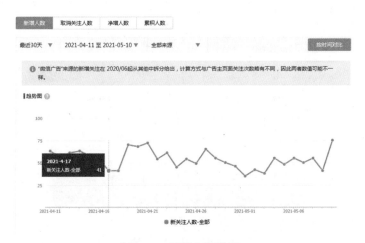

图 1-10　新增人数数据

在分析"新增人数"趋势图时，要注意两方面的内容。

- 观察新增人数的趋势，以此来判断不同时间段的宣传效果。
- 注意趋势图中几个特殊的点——"峰点"和"谷点"。"峰点"就是趋势图上突然上升的节点，"谷点"就是趋势图上突然下降的节点，当出现很明显的"峰点"和"谷点"时，就意味着平台推送可能发生了不同寻常的效果。

除了查看"最近7天""最近15天""最近30天"的趋势图，运营者还可以根据实际情况自定义时间段进行查看，在"新增人数"界面中，❶单击自定义时间下拉列表框，将弹出相应的时间选择栏；❷运营者在时间表中选好时间段，单击"确定"按钮即可，如图1-11所示。

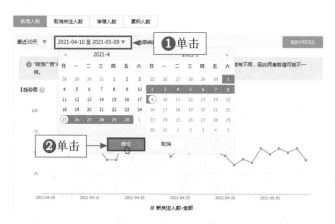

图1-11 自定义时间段

如图1-12所示为2021年4月25日至2021年5月9日和2021年4月10日至2021年4月24日新关注人数的数据对比。

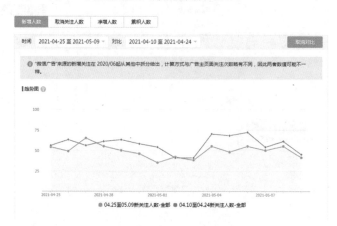

图1-12 新关注人数数据对比

要取消对比，单击右上角的"取消对比"按钮即可，如图1-13所示。

运营者想要和某个时期的数据进行对比，可以单击右上方的"按时间对比"

按钮，就会得出相应的对比数据，运营者可以自主选择对比的时间。运营者要想了解粉丝在不同渠道的增长数量，可以单击"全部来源"按钮，在弹出的下拉列表中选择不同的来源选项进行查看，如图 1-14 所示。

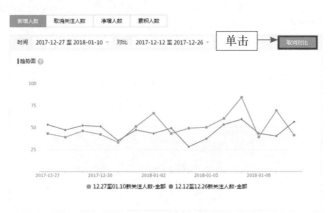

图 1-13　单击"取消对比"按钮

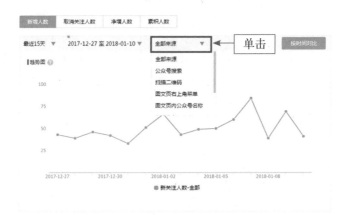

图 1-14　单击"全部来源"按钮

1.4.2　取消关注人数

"取消关注人数"也是运营者要着重查看的数据，因为维持一个老客户比增加一个新客户的成本要低得多，因此，如果企业的微信公众号遇到了取消关注的情况，就一定要重视起来，尤其是持续"掉粉"的情况，企业要分析其中的原因，尽可能防止这种情况出现。

以微信公众号"手机摄影构图大全"为例，在微信公众号平台的后台，其"最近 15 天"的"取消关注人数"数据趋势图如图 1-15 所示。

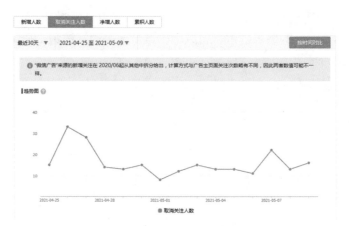

图 1-15　"取消关注人数"趋势图

"取消关注人数"和"新增人数"的数据一样，都能够选择"最近 7 天""最近 15 天""最近 30 天"或者自定义时间查看趋势图。

通过"取消关注人数"的数据就能了解每天有多少粉丝对微信公众号平台取消了关注，一旦发现这个取消关注的趋势图呈现增长的趋势，那么运营者就要格外注意了，要努力找出问题所在，然后尽可能避免这种趋势继续增长。

一般来说，用户对微信公众号平台取消关注的原因可能有很多种，下面总结了几种用户取消关注的原因。

- 对推送的消息不感兴趣。
- 微信公众号平台常常发布硬广告。
- 没有定期更新公众号文章动态。
- 帮助投票，投完就取消关注。
- 领取了优惠，领完就取消关注。
- 一些其他的客观原因。

通常来说，用户取消关注最大的原因是对推送的消息不感兴趣，如果微信公众号平台取消关注的人数一直在增加，那么运营者就要从以上几个方面查找原因，然后才能对症下药。

1.4.3　净增人数趋势图

微信公众号平台后台的"净增人数"是用来衡量一定时期内用户的净增人数，看了"新增人数"和"取消关注人数"之后，运营者可能还是不知道每天净增了多少用户，此时就可以通过"净增人数"趋势图查看。如图 1-16 所示为"手机摄影构图大全"微信公众号"最近 15 天"的"净增人数"趋势图。

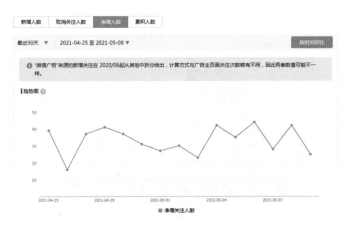

图 1-16   "净增人数"趋势图

从图 1-16 可以看出，该微信公众号在 2021 年 4 月 25 日至 2021 年 5 月 9 日之间，"净增人数"数值有一定浮动，但总体人数是增加的，说明该公众号的用户一直维持着增长的趋势。

同时，净增人数也是检验商家推广效果的重要手段，假设商家在两个不同时间段展开了同样的内容推广，那么就可以将这两个时间段的数据进行对比，从而判断不同时间段推广所产生效果的差异。如图 1-17 所示，为 2021 年 4 月 25 日至 2021 年 5 月 9 日和 2021 年 4 月 10 日至 2021 年 4 月 24 日之间的数据对比。

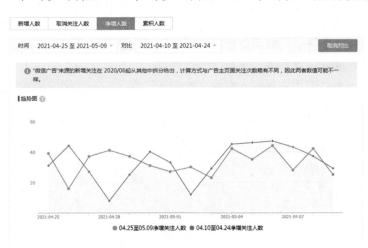

图 1-17   "净增人数"对比

1.4.4 累积人数

在"累积人数"趋势图里，可以看到微信公众号累积关注人数的情况。

如图1-18所示，为"手机摄影构图大全"微信公众号"最近15天"的"累积人数"趋势图。

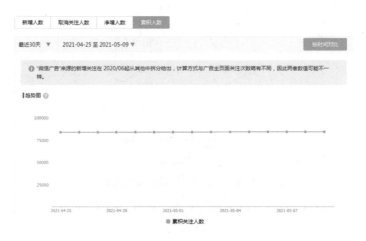

图1-18 "累积人数"趋势图

从图1-18中可以看出，"手机摄影构图大全"微信公众号从2021年4月25日至2021年5月9日的"累积人数"呈现逐步上升的趋势，而且增长趋势比较平缓，没有出现大幅度的变化。

"累积人数"趋势图不仅可以展现一定时期内总体人数的增长情况，还可以供微信运营者在特殊时间段里对数据进行深层次的分析。

例如，在企业开展营销活动期间，就可以查看活动前、活动前期、活动中期和活动后期这4个时间段的"累积人数"趋势图。通常来说，如果企业的活动做得好，在活动前期的用户累积人数会大幅增加，到了中期，用户累积人数会趋于平缓，等到了活动后期，用户累积人数可能会出现小幅度的波动。

需要注意的是，如果在活动后期，用户累积人数出现大幅度的波动，例如，突然大幅度下降，那么就说明活动策划可能存在某些问题，这是运营者和活动策划者需要重点关注的地方。

1.4.5 详细数据

在微信公众号平台"用户分析"功能的最下方，有一系列选定时间段的详细数据列表，里面会有这一时间段"新关注人数""取消关注人数""净增关注人数"和"累积关注人数"的详细数值，如图1-19所示。

时间	新关注人数 ⌄	取消关注人数 ⌄	净增关注人数 ⌄	累积关注人数 ⌄
2021-05-09	41	16	25	83944
2021-05-08	55	13	42	83919
2021-05-07	50	22	28	83877
2021-05-06	55	11	44	83849
2021-05-05	48	13	35	83805
2021-05-04	55	13	42	83770
2021-05-03	38	15	23	83728
2021-05-02	42	12	30	83705
2021-05-01	35	8	27	83675
2021-04-30	46	15	31	83648
2021-04-29	50	13	37	83617
2021-04-28	55	14	41	83580
2021-04-27	65	28	37	83539
2021-04-26	49	33	16	83502

2021-04-25 至 2021-05-09　下载表格

1/2 ▶　刷新

图 1-19　详细数据列表

1.5　分析后台用户属性

在账号的后台，关于用户相关信息中运营者除了可以了解用户的增长数据之外，还能够了解用户的分布属性，下面以"手机摄影构图大全"微信公众号为例，主要从用户的性别比例、年龄层分布、语言分布以及地域分布 4 个方面进行介绍。

1.5.1　用户性别比例

在运营微信公众号的过程中，运营者想要知道用户的性别属性，就可以进入后台的"用户分析"页面，然后单击"用户属性"标签，如图 1-20 所示。

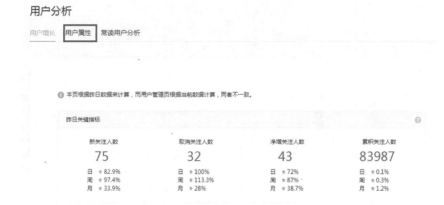

图 1-20　单击"用户属性"标签

17

执行操作后，进入"用户属性"页面，就能查看微信公众号的性别分布图，如图 1-21 所示。

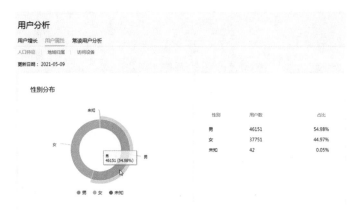

图 1-21　性别分布图

把鼠标指针放在分布图上，就能看到分布的数据。从图 1-21 中可以看出，"手机摄影构图大全"微信公众号的男性粉丝占比为 54.98%，要大于女性粉丝所占比例，运营者要根据微信公众号的定位来判断这样的比例是否和微信公众号的目标用户群体相匹配。

1.5.2　用户年龄层分布

在"性别分布"的后面，就是"年龄分布"相关内容，在左侧有一个年龄层环状百分比图，右边是不同年龄粉丝的具体数值。如图 1-22 所示，为"手机摄影构图大全"微信公众号粉丝的年龄分布图。

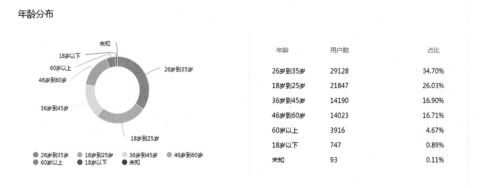

图 1-22　年龄分布图

从图 1-22 中可以看出，"手机摄影构图大全"微信公众号的粉丝群体中，主要是 18 ~ 60 岁人群，18 岁以下和 60 岁以上年龄段粉丝所占比例较少。

1.5.3　用户语言分布

在"年龄分布"的下面，就是"语言分布"的相关内容。如图 1-23 所示，为"手机摄影构图大全"微信公众号的语言分布图。

语言分布

语言	用户数	占比
简体中文	82266	98.00%
英文	717	0.85%
未知	523	0.62%
繁体中文	438	0.52%

● 简体中文　● 英文　● 未知　● 繁体中文

图 1-23　语言分布图

从图 1-23 中可以看出，"手机摄影构图大全"微信公众号的粉丝群体中，使用"简体中文"的用户数量为 82266 人，使用"英文"的用户数量为 717 人，使用"未知"语言的用户为 523 人，使用"繁体中文"的用户数量为 438 人。

1.5.4　用户地域分布

2015 年 9 月，微信公众号平台对用户的地理位置数据进行了优化，给运营者带来了极大的便利，运营者可以在公众号后台的"用户属性"板块中查看各个省份和城市的粉丝用户分布情况。

1. 省份分布

"省份分布"图能够让微信管理者看到微信粉丝在各省的分布情况，在"省份分布"图的左侧是一张省份地图，微信运营者将鼠标指针放在地图上，就会出现相应省份的名称和该省份的用户数量。"省份分布"图的右边是省份对应用户数的具体数据，把每个省份对应的用户数据以及所占百分比从高到低依次排列，让运营者能够更方便地了解用户的分布情况，如图 1-24 所示。

2. 城市分布

"城市分布"的数据在"省份分布"数据的下方，运营者可以查看全国的城市用户分布情况，也可以查看某个省的城市用户分布情况，每一省份城市用户数都按照由多到少的顺序排列，如图1-25所示。

地域	用户数	占比
广东省	14911	18.20%
浙江省	5407	6.60%
江苏省	5312	6.48%
四川省	4391	5.36%
北京	4342	5.30%
山东省	3942	4.81%
上海	3692	4.51%

1 / 5 ＞ 跳转

图1-24 各省份的具体用户数据

地域	用户数	占比
广州	4743	32.39%
深圳	3537	24.15%
佛山	1220	8.33%
东莞	1087	7.42%
惠州	498	3.40%
中山	466	3.18%
珠海	436	2.98%

1 / 3 ＞ 跳转

图1-25 城市分布图

第 2 章

数据运营的 5 大工具

在进行新媒体账号数据分析的过程中，使用工具加以辅助可以提升效率，从而找到提升账号运营效益的突破口。网上用于新媒体和数据化运营的工具有很多，这一章就选择其中 5 大必备工具进行重点解读。

2.1 新榜平台

新榜平台收集了各类新媒体平台的数据，是一个综合性的内容产业服务平台。在该平台中，运营者通过输入账号 ID、名称，即可查看微信公众号、视频号、抖音号、快手号和哔哩哔哩账号的"榜单数据""发布规律"等相关数据。如图 2-1 所示，为新榜的首页页面。

图 2-1　新榜的首页页面

2.1.1　查看账号数据

有时运营者想要了解账号的运营情况，却不知道从哪方面开始着手。其实运营者只需对账号的各类数据进行分析，便能对账号整体运营情况有更加直观的了解。

1. 账号数据表现

运营者在新榜首页的搜索栏中输入账号 ID、名称之后，便可以搜索对应的账号。以公众号搜索为例，在搜索栏中搜索账号，单击账号所在的区域便可进入账号详情页，如图 2-2 所示。

图 2-2　进入账号详情页

图2-3所示为进入账号详情页后显示的"榜单数据"页面的"榜单排行"板块。图片的右侧是周榜的新榜指数柱状图，从图中可以非常直观地看到各个时间段的具体变化。

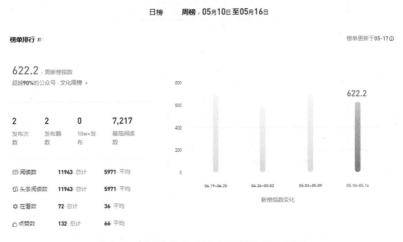

图 2-3 某微信公众号"榜单排行"板块

2. 内容发布分析

新榜对账号发布的内容也会进行监测，运营者只需进入账号页面，单击"作品分析"或者"发布规律"标签，便可查看发布内容的相关数据。以微信公众号为例，运营者单击界面中的"发布规律"标签，便可进入"发布规律"页面，如图2-4所示。

图 2-4 某微信公众号的"发布规律"页面

在页面的下方还会显示"发文特征"相关数据，将鼠标指针放在关键词上就能看到发布的文章数据，如图 2-5 所示。

图2-5　某微信公众号的"发文特征"页面

3. 粉丝画像数据

用户画像是运营者需要重点把握的内容，在新榜平台上可以直接查看账号粉丝画像。例如，运营者可以进入新榜数据抖音版平台的"粉丝画像"页面，直接查看粉丝画像的相关数据，如图2-6所示。

图2-6　某抖音号的"粉丝画像"页面

2.1.2　分类查看数据

随着人们需求的多样化发展，新媒体平台的类型越来越多样化，运营者收集数据的范围也随之扩大。新榜平台将不同类型的数据进行划分，运营者可以根据平台榜单和内容分类查看数据。

1. 榜单分类

新榜平台对不同类型新媒体平台账号流量进行实时监测，运营者可以根据目的和需求选择相对应的板块查看榜单数据，如图 2-7 所示。

图 2-7　新榜平台首页的板块选项

如图 2-8 所示，为哔哩哔哩平台美妆栏目类账号按照综合热度指数从高到低的顺序排列。运营者可以选择查看周榜或者日榜，相对应时间段的"投币数""弹幕数""播放数""涨粉数"也会统计出来。

#	UP主号	投稿视频数	投币数	弹幕数	最高点赞数	播放数	涨粉数	新榜指数
1		1	14.13w	1.94w	11.08w	73.16w	1.05w	991.7
2		1	6581	8521	2.02w	8.37w	1422	970.1
3		1	2920	1356	7483	4.83w	1418	927.5
4		1	872	177	3073	6.49w	1703	841.8
5		1	580	534	1607	3.18w	260	783.6

图 2-8　哔哩哔哩平台美妆栏目类账号综合热度排行榜

2. 内容分类

不同的用户群体，感兴趣的内容也不一样，新榜在对平台分类的基础上，对账号发布内容也进行了板块分类，运营者在收集数据信息时也更加有针对性，如图 2-9 所示。

图 2-9　新榜平台发布内容板块分类

2.2 百度指数

百度指数是网民在百度搜索中搜索关键词的产物，是现在互联网数据时代的一个非常重要的数据统计和数据分析平台，它能反映在过去 30 天内关键词的用户关注度、用户搜索习惯等方面的内容，还可以自定义时间查询。

通过查看百度指数中关键词的"趋势研究""需求图谱"和"人群画像"，运营者不仅可以了解关键词的热门程度，还能清楚地了解搜索该关键词的相关人群特征。这样运营者便可以结合关键词来打造相关话题，更好地吸引目标人群的关注，提升内容和产品的营销效果。

2.2.1 趋势研究

运营者在百度指数首页页面中输入关键词，单击搜索栏右侧的"开始搜索"按钮，便可进入关键词的"趋势研究"页面。

进入关键词的"趋势研究"页面后，运营者首先看到的就是"搜索指数"页面。"搜索指数"页面包含两方面的内容：一是关键词近 30 天的"搜索指数"变化情况；二是关键词"整体日均值""移动日均值""整体同比""整体环比""移动同比""移动环比"的数值。如图 2-10 所示，为关键词"置物架"的"搜索指数"页面。

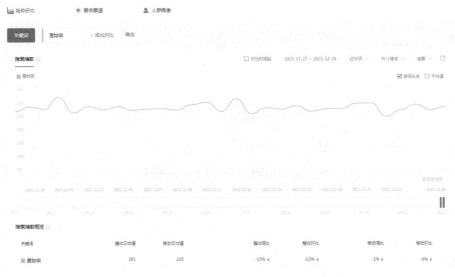

图 2-10 关键词"置物架"的"搜索指数"页面

"搜索指数概览"的下方是"资讯关注"。在"资讯关注"页面中，运营者可以查看"资讯指数"的相关数据。如图 2-11 所示，为关键词"置物架"的"资讯指数"页面，单击页面中的"全国"选项，可以选择按省份查看数据。

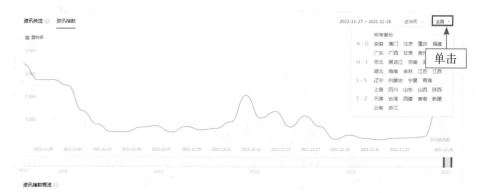

图 2-11 关键词"置物架"的"资讯指数"页面

2.2.2 需求图谱

运营者单击"趋势研究"页面中的"需求图谱"按钮，便可进入"需求图谱"页面，查看关键词的需求图谱和相关词热度。

在"需求图谱"页面中，通过一张图对与关键词相关的词汇的搜索指数高低和搜索趋势进行了展示。如图 2-12 所示，为关键词"置物架"的"需求图谱"页面。

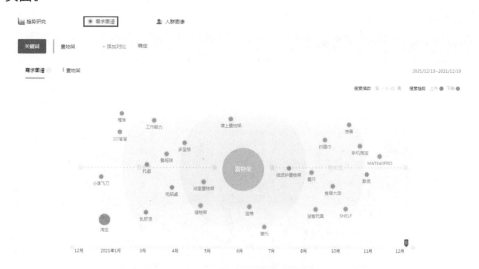

图 2-12 关键词"置物架"的"需求图谱"页面

在"相关词热度"页面中，分别对相关词的"搜索热度"和"搜索变化率"进行了展示。如图 2-13 所示，为关键词"置物架"的"相关词热度"页面。

图 2-13　关键词"置物架"的"相关词热度"页面

2.2.3　人群画像

　　单击"需求图谱"页面中的"人群画像"按钮，便可进入"人群画像"页面，查看关键词的人群画像数据。具体来说，进入"人群画像"页面之后，运营者首先看到的就是关键词的地域分布。

　　地域分布中包含两方面的内容：一是用一张地图来表示国内各省份该关键词的搜索指数高低；二是各地搜索指数的排行图。在各地搜索指数的排行图中，运营者可以选择"省份""区域"或"城市"查询具体排行。如图 2-14 所示，为"置物架"各省份和各城市的搜索指数排行。

图 2-14　"置物架"各省份和各城市的搜索指数排行

　　"地域分布"的下方是"人群属性"。"人群属性"页面对关注该关键词的用户的"年龄分布"和"性别分布"情况进行了展示。

具体来说，"年龄分布"页面会对各年龄段用户关注该关键词的占比、全网分布占比和群体目标指数（Target Group Index，TGI）进行展示；"性别分布"页面则会对男性和女性用户关注该关键词的占比、全网分布占比和TGI进行展示。如图 2-15 所示，为关键词"置物架"的"人群属性"页面。

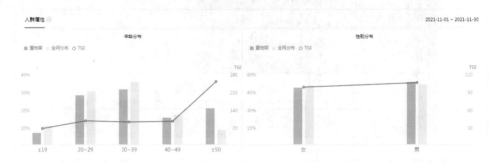

图 2-15　关键词"置物架"的"人群属性"页面

"人群属性"的下方是"兴趣分布"。"兴趣分布"页面对各领域的关键词关注度、全网分布人群占比和TGI进行了展示。如图 2-16 所示为关键词"置物架"的"兴趣分布"页面。

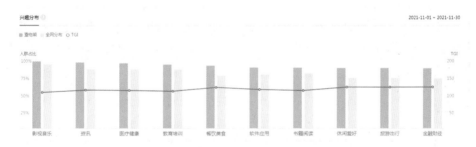

图 2-16　关键词"置物架"的"兴趣分布"页面

2.3　灰豚数据——用数据创造价值

灰豚数据是一款提供多平台数据化的监测平台，具体来说，截至 2021 年 5 月，灰豚数据为用户提供了"淘宝版""抖音版"以及"快手版"3 种版本的数据分析，运营者可以选择对应的平台查看商品的销售数据。

以查看"淘宝版"数据为例，运营者可以单击灰豚数据平台首页中的"淘宝版"按钮，如图 2-17 所示。

图 2-17　单击"淘宝版"按钮

2.3.1　行业趋势

进入灰豚数据"淘宝版"页面之后，运营者便可以在灰豚数据淘宝版平台的"数据大盘"板块中查看"全网流量大盘""行业流量大盘"等相关数据。

1. 全网流量大盘

具体来说，运营者选择"全网流量大盘"选项，即可进入"全网流量大盘"页面。这一页面包括"历史趋势""播主等级""播主类型"数据内容，如图 2-18 所示。

图 2-18　"全网流量大盘"页面

如图 2-19 所示，为"播主等级"下方的"每日总流量趋势（近 30 天）"和"每日场均每小时流量趋势对比（近 30 天）"，将光标放在横坐标时间点便会显示该时间的数值。

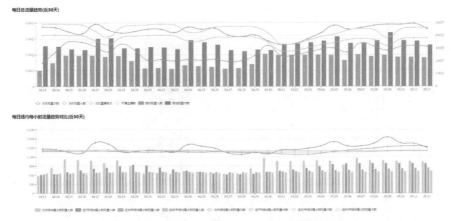

图 2-19 "每日总流量趋势（近 30 天）"和"每日场均每小时流量
趋势对比（近 30 天）"页面

2. 行业流量大盘

运营者选择"行业流量大盘"选项，即可进入"行业流量大盘"页面，查看近 30 天各行业观看人数和观看次数。如图 2-20 所示，为"行业流量大盘"页面。

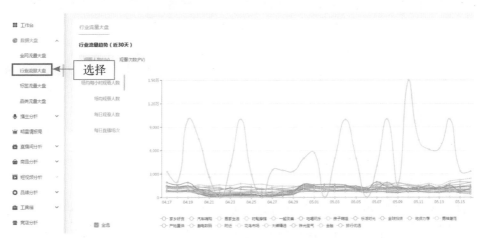

图 2-20 "行业流量大盘"页面

进入"行业流量大盘"页面后，运营者首先看到的就是"场均每小时观看人数"趋势图，将鼠标指针移至曲线图上便会显示对应时间段各行业观看人数的具体数值。如图 2-21 所示，为"场均每小时观看人数"趋势图。运营者要想查看"场均观看人数""每日观看人数""每日直播场次"的数据，只需单击对应选项栏就可以直接进行查看了。

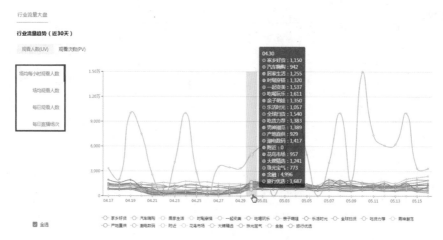

图 2-21 "场均每小时观看人数"趋势图

2.3.2 商品分析

对电商类或者以销售产品为主的运营者来说，关注市场行情是很有必要的，运营者应该了解商品行情，知道哪些产品好卖。对此，运营者可以通过灰豚数据平台的"商品分析"页面来查看商品销售情况。

1. 商品搜索

运营者可以选择灰豚数据淘宝版平台菜单栏中的"商品搜索"选项，进入"商品搜索"页面，如图 2-22 所示。在该页面中，运营者可以查看某类或某种商品的"关联播主（数）""关联直播（数）"和"商品月销量"。

图 2-22 "商品搜索"页面

2. 爆款商品

运营者可以选择灰豚数据淘宝版平台菜单栏中"商品分析"下的"爆款商品榜"选项，进入"爆款商品榜"页面。在该页面中，运营者可以查看爆款商品的"最低价""当日销量"和"当日销售额"等数据，如图 2-23 所示。

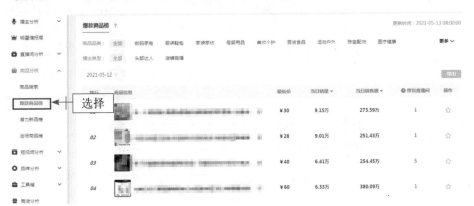

图 2-23　"爆款商品榜"页面

3. 潜力新品

运营者可以选择灰豚数据淘宝版平台菜单栏中"商品分析"下的"潜力新品榜"选项，进入"潜力新品榜"页面。在该页面中，运营者可以查看具有潜力的新品的"最低价""当日销量"和"当日销售额"等数据，如图 2-24 所示。

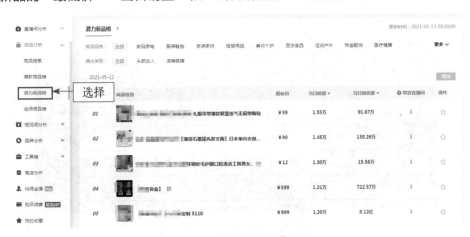

图 2-24　"潜力新品榜"页面

4. 返场商品

运营者选择菜单栏中的"返场商品榜"选项，即可进入"返场商品榜"页面。

在该页面中，运营者可以查看返场商品的"最低价""直播总销量"和"直播总销售额""带货播主"等数据。如图2-25所示，为"返场商品榜"页面。

图2-25 "返场商品榜"页面

2.4 蝉妈妈

新一代信息技术飞速发展，短视频的狂潮随之席卷而来，抖音一跃成为商品流通的新窗口，小红书则升级为营销推广的新渠道。蝉妈妈作为一款垂直于抖音和小红书的数据分析平台，为新媒体运营者提供了更为详细的数据信息，如图2-26所示。

图2-26 蝉妈妈抖音板块首页

随着线上消费模式的不断演进，直播电商的发展也迎来了巨大的机遇，蝉妈妈则可以为运营者提供直播的"流量分析""商品分析"以及"观众分析"。在蝉妈妈平台的首页中单击"直播库"按钮，会出现按销售额从高到低顺序排列的直播榜单，如图 2-27 所示。

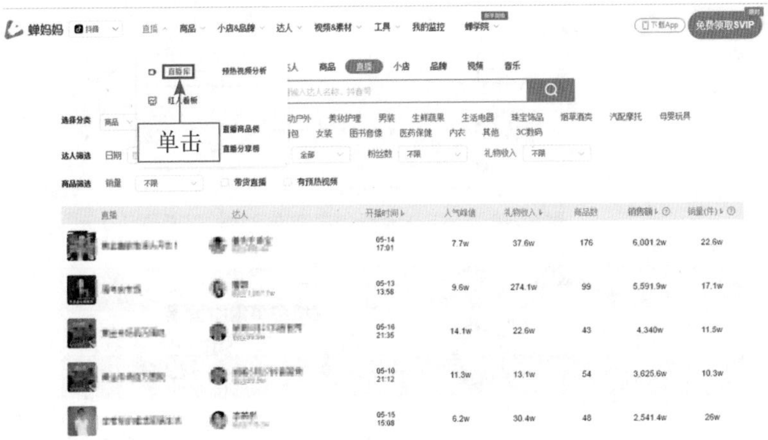

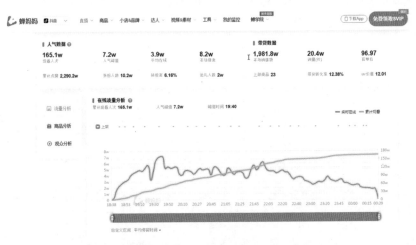

图 2-27　直播排行榜单

2.4.1　流量分析

单击要查看的直播场次会跳转至流量分析页面，在该页面中，运营者首先看到的就是最上方的"在线流量分析"趋势折线图。折线图中包含"实时在线"和"累计观看"两条直线的数值，将鼠标指针移至折线上会显示这一时间点的数据。图 2-28 为某场直播的"在线流量分析"趋势折线图。

图 2-28　某场直播的"在线流量分析"趋势折线图

"在线流量分析"的下方是"进场流量分析"和"观众来源"。在"进场流量分析"中可以查看该场次直播的"进场观众""点赞数""评论数"以及"关注增量""粉丝团增量"和"带货小时排名"数据，如图2-29所示。

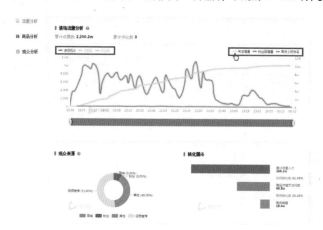

图2-29　某场直播"进场流量分析"和"观众来源"页面

"观众来源"左边部分是观众不同的来源渠道及各渠道所占的百分比，右边则是流量的转化率。

2.4.2　商品分析

运营者选择"商品分析"选项，便可进入"商品分析"页面。在该页面会显示商品品牌、分类以及直播带货商品累计销量和累计销售额。

运营者可以自主选择按照商品单价、销量、销售额、转化率数值从大到小的顺序排序，如图2-30所示。

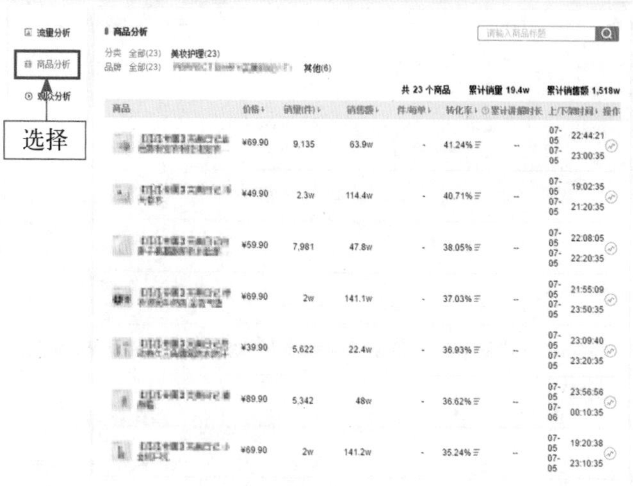

图2-30　某场直播"商品分析"页面

2.4.3　观众分析

运营者选择"观众分析"选项，便可进入"观众分析"页面查看观众数据，如图 2-31 所示。

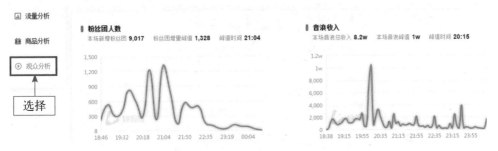

图 2-31　某场直播"观众分析"页面

"观众分析"页面除了有"粉丝团人数"以外，还统计了观众画像，包括观众的性别、年龄分布和地域分布情况及"弹幕热词"等数据。某场直播的"观众画像"信息如图 2-32 所示。

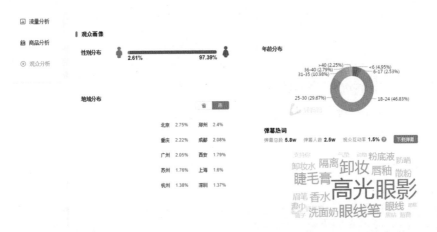

图 2-32　某场直播的"观众画像"信息

2.5　神策数据

神策数据是为运营者推出的一种深度分析用户行为的产品，它可以通过全端数据采集和建模，构建用户数据体系，从而让用户数据发挥更大的价值。神策数据的运营模式如图 2-33 所示。

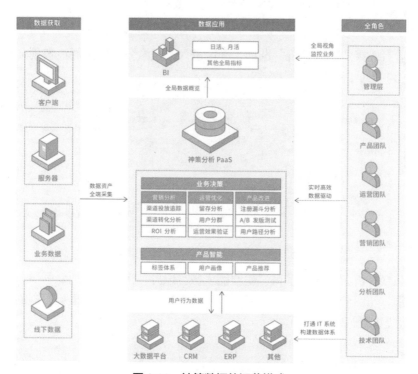

图 2-33　神策数据的运营模式

2.5.1　4 个角度优势明显

相比于其他数据平台，神策数据的优势主要体现在可私有化部署、基础数据采集与建模、实时多维度分析、PaaS 平台深度开发 4 个角度，下面就从这 4 个角度分别进行分析。

1. 可私有化部署

考虑到客户对于自身数据安全和隐私的重视，神策数据分析技术在选型时便将私有化部署作为产品的核心设计理念。也正因为如此，运营者可以放心地在该平台积累用户数据，并对数据进行深度研究和开发。

2. 基础数据采集与建模

随着互联网技术的发展，用户可以通过不同的渠道选择同一个产品。针对这一点，神策数据采用全端数据采集的方式，将各渠道的用户数据打通，并在此基础上进行建模，从而让数据的采集更加全面，分析结果更加准确。神策数据的主要采集渠道如图 2-34 所示。

图 2-34　神策数据的主要采集渠道

3. 实时多维度分析

神策数据通过漏斗分析、留存分析和用户分群分析等多种方法，对用户数据进行实时多维度的分析。这可以让运营者快速上手用户数据分析，全面掌握用户数据分析的方法。

4. PaaS 平台深度开发

PaaS 是 Platform as a Service 的简称，译为"平台即服务"。PaaS 平台主要是将应用服务的运行和开发环境作为服务提供给客户。

神策数据对 PaaS 平台的深度开发可以满足运营者对数据分析的不同要求。如果运营者需要的是标准的数据分析需求，只需将神策数据中的分析拿过去直接用即可；如果运营者需要对数据进行个性化需求，也可以使用神策数据中的数据接口，或者产品的二次开发功能，获得需要的数据分析内容。

2.5.2　4 种工作皆可使用

通过神策数据的分析，运营者可以做好 4 个方面的工作，即产品优化、精细化运营、市场营销和数据采集。接下来分别进行说明。

1. 产品优化

产品的用户体验与用户的转化和留存紧密相关，因此，新媒体产品规划者对于产品的优化都比较重视。借助神策数据，新媒体产品规划者可以通过需求分析、产品迭代和效果验证来优化产品，提升产品的用户体验，如图 2-35 所示。

图 2-35　借助神策数据进行产品优化

2. 精细化运营

对于运营者来说，用户的活跃和留存无疑是运营的核心。而借助神策数据的分析，则可以更好地进行用户的精细化运营，从而提高用户的忠诚度和账号的变现能力，如图 2-36 所示。

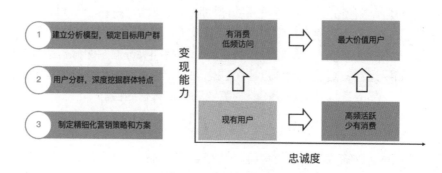

图 2-36　借助神策数据进行精细化运营

3. 市场营销

许多运营者之所以要做新媒体平台的运营，就是要通过运营进行拉新和渠道投放。而借助神策数据分析，则可以提升市场营销的效果，对流量拉新和渠道投放进行评估和优化，如图 2-37 所示。

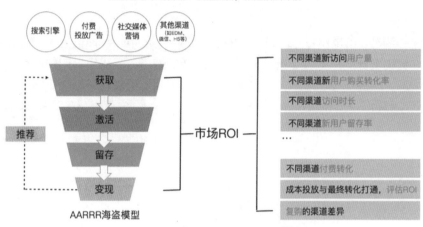

图 2-37　借助神策数据进行市场营销

4. 数据采集

在进行新媒体数据分析的过程中，数据的采集是非常重要的一环。借助神策数据分析，运营者及相关技术人员可以获得全端的数据采集方案，如图 2-38 所示。

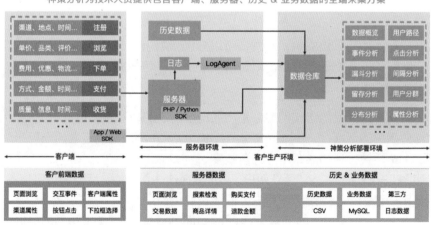

图 2-38　借助神策数据进行数据采集

2.5.3 两大常用指标

作为一个优质的数据分析平台，神策数据可以从整体趋势、活跃用户两方面综合展示，便于运营者快速获取大盘数据动向。

1. 整体趋势

在神策数据平台中，运营者可以查看过去一段时间内 App 或者 Web 端新增用户数和累计用户数，让运营者了解用户增长速度，洞悉平台用户基数增长或下降情况。如图 2-39 所示，为"整体趋势"页面，运营者可以在页面右上角自主切换，查看不同渠道的统计数据。

图 2-39 **"整体趋势"页面**

在"整体趋势"页面中，运营者可以分别查看近 7 日和近 30 日的"累计活跃用户数"和近 30 日"平均单次使用时长（秒）"等数据。

2. 活跃用户

活跃用户是产品的忠实用户，是产品持续活跃的奠基者，运营者需要继续维护这部分用户的活跃度。在神策数据平台中，运营者可以直观查看活跃用户趋势、分布、浏览质量，评估活跃用户的活跃度。

如图 2-40 所示，为"活跃用户"页面。在这一页面中，运营者可以查看"新老活跃用户结构"和"周活跃用户"的增长变化情况。

除此之外，页面的下方还有近 30 日"页面浏览排名""浏览页面累计退出率"和"页面按钮点击排名"等内容，如图 2-41 所示。

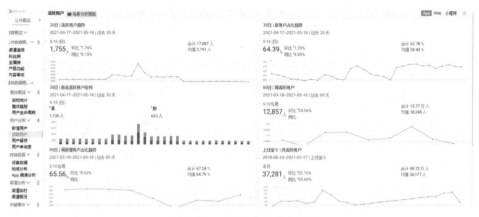

图 2-40　"活跃用户"页面

	30日 | 页面浏览排名			合计
2021-04-17~2021-05-16 | 过去 30 天				
--	页面标题		合计	
1	充值页		6,665	
2	发送礼物页		6,654	
3	关注直播页		6,601	
4	首页		6,573	

	30日 | 浏览页面累计退出率			合计
2021-04-17~2021-05-16 | 过去 30 天				
--	页面标题		合计	
1	首页正在直播页		65.54%	
2	注册登录页		64.72%	
3	发送礼物页		64.59%	
	搜索结果列表页			

	30日 | 页面按钮点击排名			合计
2021-04-17~2021-05-16 | 过去 30 天				
--	页面标题	元素内容	合计	
1	首页正在直播页	送礼物	637	
2	充值页	送礼物	632	
3	关注动态页	送礼物	622	

图 2-41　页面浏览情况

第 3 章

图文平台的数据分析

图文类新媒体平台是前几年新媒体营销的主战场，虽然近几年视频行业飞速发展，但是，图文平台的营销作用仍旧不容小觑，这也是许多运营者依旧花费大量时间和精力运营图文平台的重要原因。

那么，图文类新媒体平台的数据要如何分析呢？本章就一起来探讨这个问题。

3.1 账号榜单数据

数据的来源渠道是多样化的，运营者除了可以收集账号后台数据之外，还可以借助第三方平台。以微信公众号为例，运营者可以在新榜平台搜索查看账号的榜单数据。

具体来说，运营者可以进入新榜平台的官网首页，在输入栏中输入账号名称，然后单击"搜索"按钮，如图 3-1 所示。

图 3-1 单击"搜索"按钮

操作完成后，在搜索结果中单击对应账号的相关区域，如图 3-2 所示。执行操作后，运营者便可以进入该账号的数据分析界面。进入账号的数据分析界面之后，运营者就可以查看账号的榜单数据了。

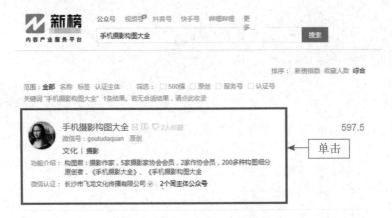

图 3-2 单击对应账号的相关区域

在"榜单数据"界面中，运营者可以查看和分析账号的"榜单排行""历史排名""排名和发布趋势"等数据的详情。

3.1.1 榜单排行分析

在"榜单排行"板块中，"日榜"和"周榜"的数据皆可查看。如图 3-3 和图 3-4 所示，分别为某图文类新媒体账号的"日榜"和"周榜"数据。

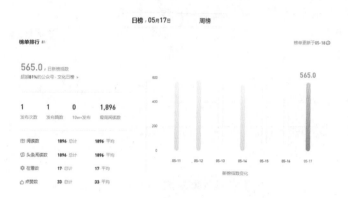

图 3-3 某图文类新媒体账号的"日榜"数据

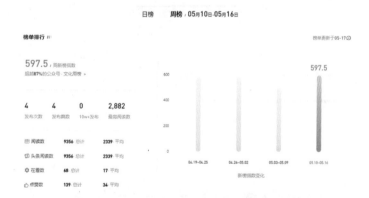

图 3-4 某图文类新媒体账号的"周榜"数据

具体来说，在"日榜"和"周榜"中，运营者都可以查看"新榜指数""发布次数""发布篇数""10w+ 发布（篇数）""（单篇）最高阅读数""阅读数""头条阅读数""在看数"和"点赞数"等数据。

通过查看账号的"日榜"和"周榜"可以大致了解该图文账号"昨日"和"近7 天"的运营情况。

3.1.2 历史排名分析

"榜单排行"的下方是"历史排名"板块。在"历史排名"板块中，运营者可以查看账号"最近 30 天"的"最高指数"与该指数发生的时间，以及"最近 30 天"的"最高排名"与该排名发生的时间。

运营者可以根据账号近 30 天的最高指数和最高日排名情况发生日期，查看分析当日发布的图文内容，把握用户兴趣。

如图 3-5 所示，为某图文类新媒体账号日榜单的"历史排名"情况。可以看到，该账号"最近 30 天"的"最高指数"为 598.6，"最高排名"为文化榜第 1222 名，这两个数据都发生在 2021 年 4 月 17 日。

历史排名

598.6 最近30天最高指数·发生于 2021-04-17   1222 最近30天最高日排名·文化榜·发生于 2021-04-17

图 3-5　某图文类新媒体账号日榜单"历史排名"情况

3.1.3　排名和发布趋势分析

"历史排名"的下方是"排名和发布趋势"板块。如图 3-6 所示，为某图文类新媒体账号"近 7 天"的"排名和发布趋势"情况。

图 3-6　某图文类新媒体账号"近 7 天"的"排名和发布趋势"情况

在"排名和发布趋势"这一板块中，运营者可以查看近 7 天内任意一天发布的图文篇数，以及账号的排名变化情况。从图中可以看到，该图文账号近 7 天发布的总图文篇数为 4 篇。

3.2　发布规律分析

每个图文类新媒体账号都有自己的发布规律，运营者可以结合账号的发布规律有针对性地分析账号已发布内容的相关数据。

3.2.1　发布频次分析

运营者要想掌握账号内容的发布规律，首先需要掌握的就是账号图文篇章的发布频次。在新榜平台的发布规律页面，运营者可以查看图文类账号的"发布频次"，如图 3-7 所示。

图 3-7　某图文类新媒体账号的"发布频次"

在"发布频次"板块中，运营者可以查看近 30 天内的推文数据，具体包括"头条（篇数）""总推文（数）""平均每次推文（数）""推送次数"和"日均推送（次数）"。

3.2.2　头条阅读数分布

"发布频次"的下方是"头条阅读数分布"板块。在"头条阅读数分布"板块中，运营者可以查看某段时间内头条推文的阅读数分布情况，以及每个阅读数范围内对应的头条推文标题。

如图 3-8 所示，为某图文类新媒体账号"近 30 天内"推文的"头条阅读数分布"情况。单击这一阅读数范围，便会在下方显示这一阅读数范围对应的推文标题。

图 3-8　某图文类新媒体账号的"头条阅读数分布"情况

3.2.3　发文特征分析

　　"头条阅读数分布"的下方是"发文特征"板块。在"发文特征"板块中，运营者可以查看账号已发布推文的相关关键词，而且将鼠标指针停留在关键词上，还可以查看与该关键词相关的推文数量，以及部分推文的标题和阅读数。

　　如图 3-9 所示，为某图文类新媒体账号的"发文特征"情况。可以看到，该账号中发布的"原创"内容达到了 11 篇，其中部分图文的阅读数更是超过了2000 次。

图 3-9　某图文类新媒体账号的"发文特征"情况

3.2.4　发布趋势分析

　　"发文特征"的下方是"发布趋势"板块。在"发布趋势"板块中，运营者可以查看账号推文的发布时段分布情况，以及推文的常见发布时间段。

　　如图 3-10 所示，为某图文类新媒体账号的"发布趋势"情况，可以看到，该账号的文章大部分都是 11:00 ～ 12:00 发布的。

图 3-10　某图文类新媒体账号的"发布趋势"情况

3.3　发布内容分析

　　运营者通过发布图文内容，能够起到信息传播、吸引用户和增加粉丝的作用。

因此分析账号发布的内容，对于运营者来说，是非常重要的一环。

在新榜平台中可以查看账号的"内容列表"，具体来说运营者可以在账号的详情数据页面中单击"内容列表"按钮，如图 3-11 所示。

图 3-11　单击"内容列表"按钮

3.3.1　内容列表

进入"内容列表"界面之后，运营者可以在界面左侧查看账号发布的"最新"和"最热"推文，并查看列表中各推文的阅读数和在看数。运营者单击"最新"或者"最热"关键词，便可查看相对应的列表，如图 3-12 所示。

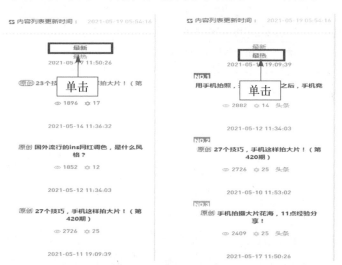

图 3-12　某图文类新媒体账号发布的"最新"和"最热"推文列表

3.3.2　内容数据分析

单击"内容列表"中的任意一篇推文，便可以查看所对应推文的内容分析数据。如图 3-13 所示，为某图文类账号中某篇推文的"内容分析"板块。

图 3-13　某图文类账号中某篇推文的"内容分析"

运营者在"内容分析"这一板块中可以看到推文的"内容字数""音频（数）""视频（数）""音乐（数）""图片（数）""小程序（数）""视频号动态（数）"和"涉及热点（数）"。

3.3.3　留言数据分析

"内容分析"的下方是"留言分析"板块。在"留言分析"板块中，运营者可以查看推文的"留言数""留言用户（数）""留言总赞（数）""留言均赞（数）""常见表情""留言速度""作者回复（量）""回复率""回复总赞"和"回复均赞"，以及用户评论表达的态度、评论的内容和评论的点赞量。

如图 3-14 所示，为某图文类新媒体账号中某篇推文的"留言分析"板块。可以看到，该篇推文的"留言数"为 5 条，"留言用户"为 5 位，"留言总赞"为 2 次，"留言均赞"为 0.4 次。

图 3-14　某图文类新媒体账号中某篇推文的"留言分析"板块

对于图文类账号的运营者来说，用户的留言是了解用户态度和想法的重要参考方向。因此对推文的留言数据进行分析，运营者可以在了解用户态度和想法的基础上采纳用户的建议，有针对性地发布图文。

3.4　粉丝用户分析

图文类账号的后台数据与粉丝用户行为有着密切的关联，这种关联对账号运营推广有着重大影响，了解用户数据有利于提升账号营销的效果。

3.4.1　用户数据分析

在众多图文类平台中，微信公众号平台无疑是非常具有代表性的。下面以微信公众号为例，和大家一同探讨如何利用公众号平台后台来分析用户数据。

在微信公众号平台后台的"新增人数"趋势图中，运营者可选择"最近 30 天""最近 15 天"和"最近 7 天"这几个时间段对"新增人数"的趋势图进行查看。

如图 3-15 所示，为"最近 30 天"新增人数趋势图，从图中可以看出账号最近 30 天每日新增关注人数起伏较大，但整体呈现上升趋势。

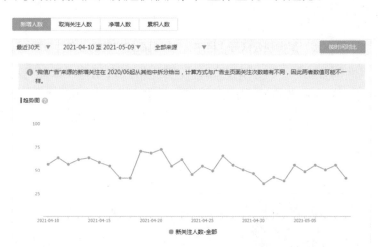

图 3-15　某公众号"最近 30 天"新增人数趋势图

另外，运营者还可以在后台查看"取消关注人数""净增人数""累积人数"趋势折线图，只需点击对应的选项栏中的关键词便会直接显示出来。粉丝数量的增减情况可以作为分析账号运营情况的有效参考。

3.4.2　用户画像分析

用户画像作为勾画目标用户、联系用户诉求的有效工具，并不是随意编造出来的，而是运营者通过对大量用户的信息分析整理得出的。在微信公众号平台后台的"用户分析"功能中，运营者可以了解用户的分布属性，对用户属性数据进行分析，构建用户画像。

如图 3-16 所示，为微信公众号"用户属性"页面的"性别分布"板块。通过左边性别占比的环状图，可以知道该微信公众号的男性粉丝比女性粉丝多。

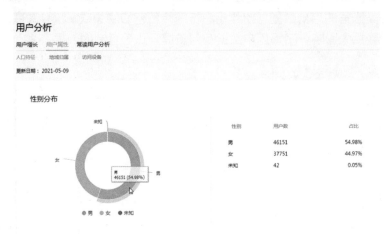

图 3-16　某微信公众号"用户属性"页面的"性别分布"板块

除了"性别分布"，在"用户属性"页面中还有粉丝"年龄分布""语言分布"数据，为运营者构建用户画像带来了更为便利、更加精准化的数据。如图 3-17 所示，为某微信公众号用户"年龄分布"和"语言分布"数据。

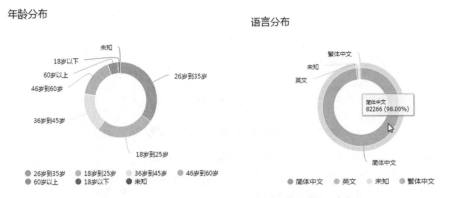

图 3-17　某微信公众号用户"年龄分布"和"语言分布"数据

第 4 章

视频平台的数据分析

近几年视频行业飞速发展，短视频也成了营销的新风口，那么，视频新媒体平台要如何做好数据分析呢？有哪些数据是需要重点分析的呢？本章我们就来一起讨论一下这些问题。

4.1 账号运营分析

运营者要想把握短视频营销这个新风口，需要对账号各类内容的数据进行评估，有针对性地调整运营方案，提升运营效益。

4.1.1 账号数据概览

通常来说，运营者可以直接在视频账号的主页面中查看账号的数据概况。如图 4-1 所示，为某抖音号的主页。可以看到，该页面中便对账号的"获赞""关注""粉丝""作品"和"喜欢"等数据进行了展示。

图 4-1　某抖音号的主页

除了视频账号主页面之外，许多第三方数据分析平台中也可查看视频账号的数据概况。例如，运营者在新榜平台的抖音号"搜索"栏中输入抖音账号，便会显示对应的账号，如图 4-2 所示。

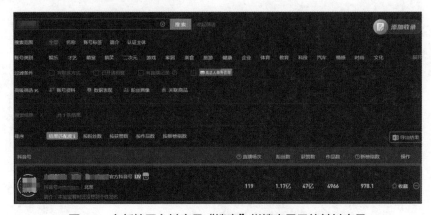

图 4-2　在新榜平台抖音号"搜索"栏搜索显示的某抖音号

进入账号的详情页面，运营者可以在"数据表现"中查看账号的"粉丝数（全平台）""作品数""总获赞""赞粉比"等数据，如图 4-3 所示。

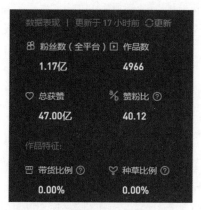

图 4-3　新榜平台账号的数据表现

账号数据概况是了解视频账号当前运营情况的重要依据之一，所以运营者在进行账号数据分析时，首先应该查看的就是账号的整体数据概览。

4.1.2　账号新增数据

账号新增数据就是账号近期增加的数据。因为大部分视频平台都不会直接展示账号的新增数据，所以运营者想要查看账号的新增数据，还得借助数据分析平台的分析功能。

例如，运营者可以在飞瓜数据平台中搜索视频账号，并在"数据概览"页面中查看账号的"涨粉数据"和"视频数据"。如图 4-4 所示，为某视频账号"近7 天"的"涨粉数据"和"视频数据"。

图 4-4　某视频账号"近 7 天"的新增数据

另外，"数据概览"页面中会选择性地呈现"昨日""7 天""15 天""30

天"和"90天"的新增数据变化。运营者可以根据自身需求选择查看对应时间段的新增数据。

运营者可以以一周为单位，分析账号的新增数据，看看哪一周的新增数据比较多，并对这一周发布的内容进行分析，从而更好地判断出用户喜好的内容。

4.1.3 粉丝数据分析

随着社会经济和社交媒体的发展，粉丝经济逐渐进入了人们的视野，粉丝数据也成为运营者进行数据分析时的一项重要参考指标。

1. 粉丝数量变化

在粉丝经济的浪潮下，粉丝数量不仅代表账号的影响力，还彰显着账号的经济价值，运营者应该重点关注粉丝数量的变化情况。

许多第三方数据分析平台中都会展示视频账号的粉丝变化情况，运营者只需搜索进行查看即可。例如，运营者可以在飞瓜数据平台中搜索视频账号，在"数据概览"页面中查看"粉丝趋势"板块，该板块中会选择性地呈现了视频账号某段时间的粉丝增量或总量。

如图4-5所示，为某视频账号"近7天"的"粉丝增量"和"直播涨粉"趋势图，运营者将鼠标指针停至横坐标日期线上就会显示当日粉丝增量具体数值。从图中可以看出2021年5月16日和5月17日粉丝数量减少，运营者应该查看这两天账号发布的视频内容，分析粉丝减少的原因。

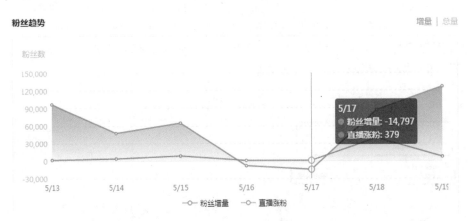

图4-5　某视频账号"近7天"的"粉丝增量"和"直播涨粉"趋势图

运营者要查看视频账号的粉丝总量的变化情况，只需单击"粉丝趋势"板块中的"总量"按钮，便可查看粉丝总量变化趋势图。如图4-6所示，为某视频账号"近7天"的粉丝"总量"趋势图。

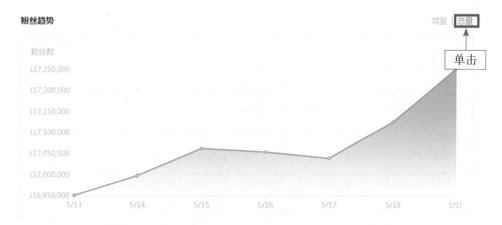

图 4-6　某视频账号"近 7 天"的粉丝"总量"趋势图

2. 粉丝画像分析

运营者除了了解粉丝数量之外，还需要了解粉丝群体的属性和特征，从而更加精准地构建用户画像。

具体来说，运营者可以在飞瓜数据中"粉丝分析"页面查看"粉丝画像"板块。"粉丝画像"板块中主要包括"性别分布""年龄分布"和"地域分布"等数据。

如图 4-7 所示，为某视频账号"粉丝画像"板块的"性别分布"和"年龄分布"数据。

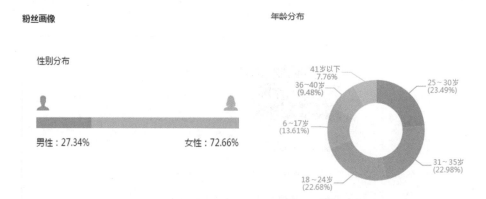

图 4-7　某视频账号粉丝"性别分布"和"年龄分布"数据

如图 4-8 所示，为某视频账号"粉丝画像"板块分别按照粉丝所属省份和城市不同占比统计的"地域分布"数据。

名称	占比	名称	占比
广东	22.90%	广州市	5.76%
江苏	6.07%	深圳市	4.23%
河南	5.61%	北京市	3.01%
山东	5.41%	重庆市	3.01%
浙江	5.30%	上海市	2.91%
四川	5.15%	佛山市	2.75%
湖南	4.95%	东莞市	1.63%
广西	3.67%	杭州市	1.58%
福建	3.42%	成都市	1.58%
安徽	3.21%	西安市	1.43%

图 4-8　某视频账号粉丝"地域分布"的数据

3. 粉丝兴趣分布

为了更好地分析粉丝感兴趣的内容，部分数据平台特意对粉丝的兴趣分布情况进行了统计。对此，运营者可以查看粉丝兴趣分布情况，并在日后发布的视频中多加入一些粉丝比较感兴趣的内容。

例如，运营者可以在飞瓜数据平台"粉丝画像"板块中查看该账号的"视频标签喜好分布"情况，如图 4-9 所示，将鼠标指针悬浮于标签名称上，即可查看细分标签偏好和各自所占百分比。

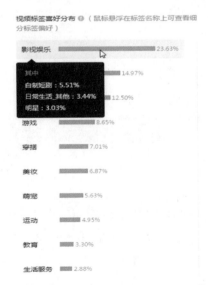

图 4-9　某视频账号的"视频标签喜好分布"情况

4.2 视频内容数据

在进行视频运营的过程中，运营者要想准确判断和了解运营的效果，并在此基础上打造爆款内容，就需要做好视频内容的数据分析。基于这一点，本节笔者就来对重要的视频数据进行分析，让大家更好地打造爆款视频。

4.2.1 播放完成率

播放完成率（有的平台也称为"平均播放完成率"）简称完播率，是指完整播放视频的比例。例如，某视频被播放了 5000 次，其中有 4000 次是播完整个视频的，那么该视频的播放完成率就是 4000÷5000=80%。

视频的播放完成率通常不会出现在视频的播放页面中，但是可以在视频平台的后台和数据分析平台中看到该数据的统计。

以头条号为例，运营者可以在作品数据详情的"单篇"板块中看到该短视频的播放完成率，如图 4-10 所示。

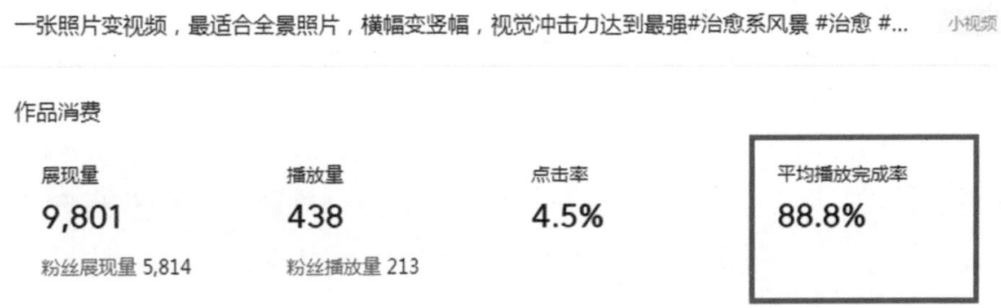

一张照片变视频，最适合全景照片，横幅变竖幅，视觉冲击力达到最强#治愈系风景 #治愈 #... 小视频

作品消费

展现量	播放量	点击率	平均播放完成率
9,801	**438**	**4.5%**	**88.8%**
粉丝展现量 5,814	粉丝播放量 213		

图 4-10 某头条号视频的平均播放完成率

运营者要想提高视频的播放完成率，可以重点做好以下两个方面的工作。

（1）尽量控制视频的长度，让视频的剧情变得更加紧凑。如果发布的视频足够简短，那么视频便能快速播完，在这种情况下，视频的播放完成率自然也就随之提高了。

（2）让视频内容对用户产生强大吸引力，让用户忍不住想要一直看下去。只要视频中有吸引用户一直看下去的内容，那么许多用户就会选择看完整个视频。

4.2.2 播放量

播放量（部分平台中用"观看量"来表述）是指视频上传至平台之后，被播放的次数。通常来说，运营者可以在账号主页或者视频平台的后台中直接查看视频的播放总量。如图 4-11 所示，为某西瓜视频账号中部分视频的播放量。

作品	展现量	播放量
一张照片变视频，最适合全景照片，横幅… 2020-08-17 21:54	11,006	469
湖南宁乡神仙岭风车站，蓝天白云，心旷… 2020-05-31 09:54	7,870	135
星轨延时视频，浏阳大围山星空 2020-05-22 00:33	8,746	151
长沙的夜晚，秀峰立交桥，红尘滚滚一场梦 2020-05-17 18:14	7,789	128

图 4-11　某西瓜视频账号中部分视频的播放量

除视频的播放总量外，运营者还可以查看某时间段内播放量的变化情况。以头条号为例，运营者可以在"作品数据"板块的"流量分析"中勾选并查看视频播放量和粉丝播放量的变化情况。

如图 4-12 所示，为某头条号视频 2021 年 5 月 14 日至 5 月 20 日播放量和粉丝播放量变化趋势图。

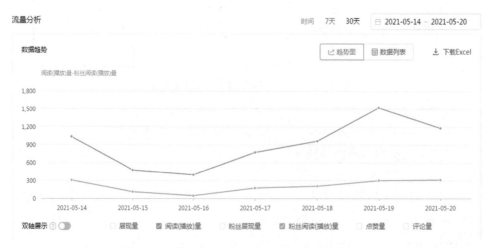

图 4-12　某头条号视频 2021 年 5 月 14 日至 5 月 20 日播放量和粉丝播放量变化趋势图

视频的播放量与展现量直接相关，展现量是指视频的展现次数，即被用户看到的次数。通常来说，一个视频获得的展现量越多，那么该视频的播放量也会越多。具体来说，运营者可以通过如下公式，利用展现量和点击率来计算播放量。

播放量＝展现量 × 点击率

当然，要通过该公式计算播放量，首先还得知道视频的点击率。视频的点击率在许多视频平台的后台和视频数据分析平台中都是可以直接查看的。

以头条号为例，在"单篇"页面中，便可以查看各视频的点击率。如图 4-13 所示，为某头条号部分视频的点击率。

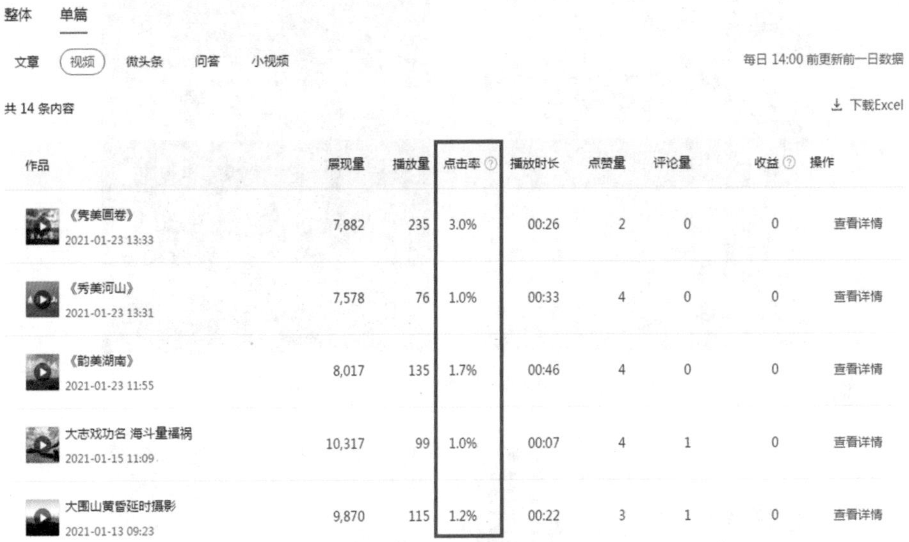

作品	展现量	播放量	点击率 ⓘ	播放时长	点赞量	评论量	收益 ⓘ	操作
《隽美画卷》 2021-01-23 13:33	7,882	235	3.0%	00:26	2	0	0	查看详情
《秀美河山》 2021-01-23 13:31	7,578	76	1.0%	00:33	4	0	0	查看详情
《韵美湖南》 2021-01-23 11:55	8,017	135	1.7%	00:46	4	0	0	查看详情
大志戏功名 海斗量褔祸 2021-01-15 11:09	10,317	99	1.0%	00:07	4	1	0	查看详情
大围山黄昏延时摄影 2021-01-13 09:23	9,870	115	1.2%	00:22	3	1	0	查看详情

图 4-13　某头条号部分视频的点击率

播放量与展现量、点击率都直接相关，所以运营者想要提高视频的播放量，就要尽可能地提高视频的展现量和点击率。

4.2.3　点赞量

点赞量是评估用户对视频内容的喜爱与否的重要数据之一，运营者了解视频账号运营情况时，可以查看单个视频的点赞量和视频账号累积点赞总量及其变化情况。

1. 单个视频点赞量

在大多数的视频平台，视频的播放页面中会直接显示该视频的点赞量。如图 4-14 所示，为抖音和快手的视频播放页面，可以看到页面中直接显示了视频的点赞量。

如图 4-15 所示，为部分视频的播放页面，可以看到这些视频的标题中都添加了"喜欢的朋友点个赞""喜欢点个赞吧"字样，而且视频内容本身又有一定的独特性，所以许多看到这些视频的用户很自然地就对视频进行了点赞，而这些视频也借此获得了一定的点赞量。

图 4-14　抖音和快手视频播放页面中直接显示点赞量

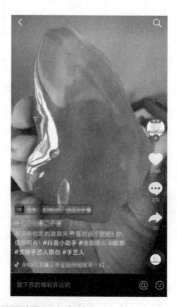

图 4-15　通过视频标题引导用户点赞

　　运营者可以在视频中添加一些引导用户点赞的信息，让用户看到这些信息之后，情不自禁地想要点赞。比如，可以在视频标题中加入如图 4-15 中类似的文字信息。如果用户看到你的视频内容中有值得称赞的地方，你在视频标题中又进行了引导，那么，用户在看到引导信息之后，点赞的意愿也会加强。

2. 视频号点赞总量

在分析视频数据的过程中，运营者不仅可以查看某个视频的点赞量，还可以查看视频账号的点赞量及其变化情况。

例如，运营者可以在飞瓜数据平台中搜索视频账号，并在"数据概览"页面的"点赞趋势"板块中查看账号的点赞"增量"和"总量"变化情况。如图 4-16 所示，为某视频账号的"近 7 天"点赞"增量"趋势图。

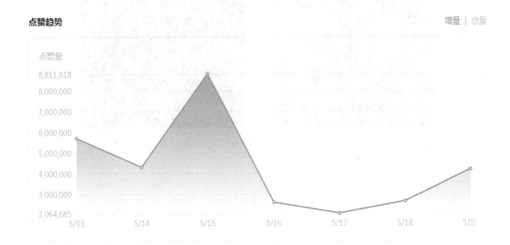

图 4-16　某视频账号的"近 7 天"点赞"增量"趋势图

对用户来说，只要视频内容中存在他赞同或者感兴趣的点，用户就会有可能为视频点赞。对此，运营者可以通过对已发布的视频的点赞量进行对比，分析哪些内容更能获得用户的点赞。然后在视频中增加用户点赞量高的内容，让用户看到视频之后更有点赞的欲望。

4.2.4　评论量

评论量就是用户对短视频进行评论的次数。许多视频平台的视频播放页面中，都会直接显示该短视频的评论量。

如图 4-17 所示，为部分抖音短视频的播放页面，可以看到该页面中会直接显示短视频的评论量。

和点赞量相同，部分平台中评论量的变化趋势也是可以查看的。以头条号为例，运营者可以查看视频的数据详情，在"作品数据"板块的"流量分析"中勾选并查看短视频评论量的变化情况。如图 4-18 所示，为某头条号 2021 年 5 月 14 日至 5 月 20 日的评论量变化趋势。

图 4-17　抖音短视频播放页面中直接显示评论量

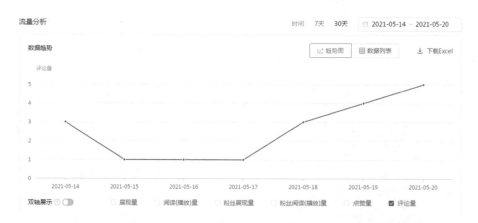

图 4-18　某头条号 2021 年 5 月 14 日至 5 月 20 日的评论量变化趋势

通常来说，一条短视频获得的评论量越多，就越有可能成为爆款短视频。所以，许多运营者都在想各种办法提高短视频的评论量。提高短视频评论量的关键就在于刺激用户的表达率，让用户忍不住想要进行评论。

运营者可以重点做好两个方面的工作提高评论量：一是尽量打造具有话题性的内容，让用户看完你的短视频之后有话可说；二是通过一定的方法引导用户评论，例如，可以通过提问的方式，让用户通过评论作出回答。

如图 4-19 所示，为部分抖音短视频的播放页面，可以看到这些短视频是通过在标题中进行提问的方式，来引导用户评论的。结果是，这些短视频借助提问引导，都获得了较高的评论量。

图 4-19　通过提问引导用户评论

4.2.5　收藏量

收藏量是指用户观看视频之后，将其进行收藏的数量，只有部分视频平台播放页面会显示收藏量。如图 4-20 所示，为小红书和哔哩哔哩视频播放页面直接显示的收藏量。

图 4-20　小红书和哔哩哔哩视频播放页面直接显示的收藏量

虽然部分平台对收藏量的分析不太重视，但是，收藏量却是能反映视频热度的一个重要依据，是用户对内容价值的肯定。一条视频如果能够获得较高的收藏量，那么其成为爆款的可能性就会比较高。

对运营者来说，要想提高收藏量，首先就要提升视频内容的播放量，同时确保视频内容有实用价值。

只有具备较高的播放量，才能在大的用户基数上实现收藏量的大提升；只有视频内容有实用价值，如能提升用户自身技能、能用在生活中的某一方面等，才能让用户有意愿收藏。

4.2.6 转发量

转发量就是用户看到视频之后，转发给他人的数量。部分视频平台的视频播放页面中，会清楚地呈现视频的转发量。如图 4-21 所示，为部分抖音视频的播放页面，可以看到其中直接显示了视频的转发量。

图 4-21　抖音视频播放页面中直接显示视频转发量

转发量表示的是有多少用户在观看了视频之后，觉得它值得分享给别人。一般来说，用户把观看过的视频转发给别人，主要基于视频内容别人需要或者视频内容与自身观念相符合两种心理。

用户更多的是基于视频内容价值的普适性而产生转发行为。从这一点出发，运营者要提升转发量的短视频内容打造，具体如图 4-22 所示。

打造幽默、搞笑类内容，帮助大家缓解压力

提升转发量的短视频
内容打造

打造能吸引用户好奇心的内容，最好是新鲜事物

在视频内容中彰显自己的观点和立场，且在表达
上要旗帜鲜明，激发有相同价值观的用户转发

图 4-22　提升转发量的短视频内容打造

4.3　素材数据分析

每个视频都是由各个部分的内容构成的，如果运营者能够根据数据选择素材，构建视频内容，那么你的视频将更有可能成为爆款。这一节我们就从视频中各元素的数据分析入手，帮助运营者更好地构建视频内容。

4.3.1　视频话题数据

当某个视频成为热门时，部分用户可能会点击视频中添加的话题，进入话题展示页，这样一来包含该话题的视频便会出现在这个展示页中，如图 4-23 所示。

图 4-23　点击话题进入展示页

视频添加话题之后，如果用户搜索与话题相关的关键词，那么视频可能就会被用户看到，这无疑可以从一定程度上增加视频的曝光量。

通常来说，视频添加的话题越热门，视频通过话题的添加获得的曝光量就会越多，因此，运营者可以通过数据分析先了解哪些话题比较受用户欢迎，然后基于视频内容选择合适的话题进行添加。

例如，运营者可以在新抖平台的"话题挑战赛"页面中按照参与人数对话题进行排序，看看哪些话题参与的用户比较多，如图 4-24 所示。

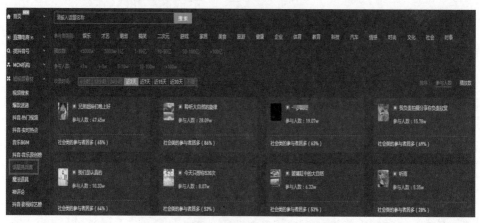

图 4-24　按照参与人数对话题进行排序

除此之外，还可以按照播放数（添加了该话题的短视频的播放数）对话题进行排序，如图 4-25 所示。

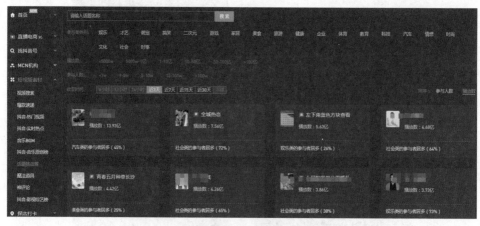

图 4-25　按照播放数对话题进行排序

找到话题的参与人数和播放数排序之后，运营者便可以对两个排序中靠前的话题进行对比，看看哪些话题参与人数和播放数都比较高，然后从中选择合适的话题添加到视频中，或者围绕这些话题进行视频的打造。

4.3.2 热门音乐数据

音乐，或者说背景音乐，既是视频内容的重要组成部分，也是决定视频能否成为爆款的重要因素之一。

运营者在选择背景音乐时可以从两方面入手，一是合适，二是热门。选择合适的音乐相对简单，运营者只需根据视频内容选择符合视频氛围和节奏的音乐即可；而运营者要选择热门音乐，则可以从各音乐榜单中选择排名靠前的音乐。

许多视频平台中都有该平台的热门音乐榜，运营者只需找到榜单便可以快速了解该短视频平台中哪些音乐比较受欢迎。例如，在抖音视频平台中，运营者只需进入搜索页面，便可以看到"音乐榜"板块，如图 4-26 所示。

图 4-26 抖音视频平台"音乐榜"板块

除了视频平台中的榜单之外，运营者还可以通过数据分析平台中提供的音乐类榜单，了解哪些音乐比较受用户欢迎。

例如，在新抖平台的"音乐 BGM"（Back Ground Music，背景音乐）页面中，运营者可以查看某一时间段内的热门背景音乐。如图 4-27 所示，为"近 30 天""使用人数 10 ~ 50w"的"音乐 BGM"页面。

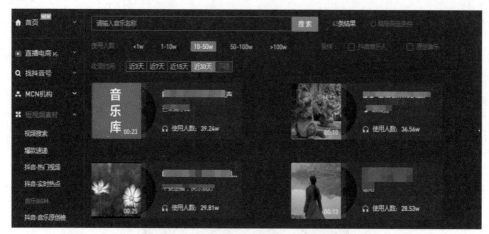

图 4-27 "近 30 天""使用人数 10～50w"的"音乐 BGM"页面

又如，在新抖平台的"抖音·音乐原创榜"页面中，运营者可以查看某一天的原创背景音乐。如图 4-28 所示，为"抖音·音乐原创榜"页面。

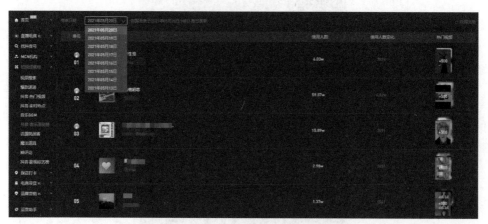

图 4-28 "抖音·音乐原创榜"页面

4.3.3 热门视频数据

在打造视频内容的过程中，运营者可以参照他人的成功经验。当某个视频成为热门时，运营者可以围绕该短视频中的核心内容打造自己的视频，也可以模仿该视频打造自己的视频。

当然，运营者要想借鉴热门视频进行内容的打造，还得先找准热门视频。对此，运营者可以借助相关的视频榜单，快速找出热门视频。

例如，运营者可以在蝉妈妈平台中查看"热门视频榜"。具体来说，运营者可以根据时间的长度查看"热门视频榜"的"小时榜""日榜""周榜"或"月榜"。

如图 4-29 所示，为"热门视频榜"的"日榜"页面，运营者可以在该页面中查看热门视频的"点赞数""转发数"和"评论数"等数据，并根据这些数据对视频的热门程度进行评估。

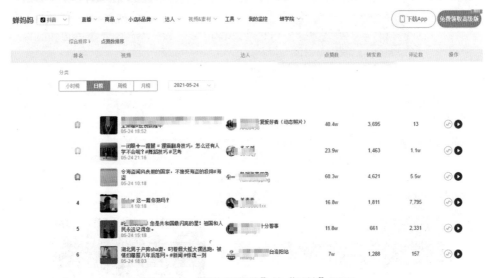

图 4-29　"热门视频榜"的"日榜"页面

4.3.4　实时热点数据

热点之所以被称为"热点"，就是因为其自身带有一定的热度。因此，如果运营者能够结合热点打造短视频内容，那么用户便会对你的短视频内容更感兴趣。

对于大多数运营者来说，围绕热点打造短视频内容的关键就在于找到实时热点。因为只有找到的热点足够有热度，运营者打造出来的短视频内容才能吸引更多用户的关注。

运营者可以借助数据分析平台的数据直接对热点的热度进行评估，快速了解哪些内容是用户比较关注的。例如，运营者可以在百度指数的"行业排行"页面中查看各行业相关的"搜索指数排行""资讯指数排行"，如图 4-30 所示。

另外，部分短视频平台的相关板块中也会列出实时热点榜单，运营者可以直接查看这些榜单。

以抖音平台为例，运营者可以点击"首页"页面中的Q图标，如图 4-31 所示。操作完成后，进入抖音搜索页面，即可看到"抖音热榜"板块，如图 4-32 所示。

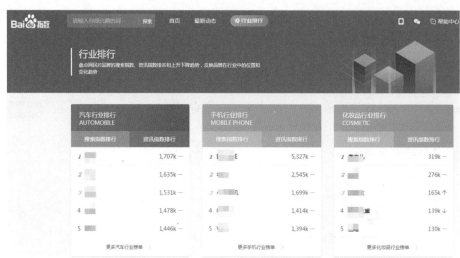

图 4-30 "24 小时"实时热点排行榜页面

图 4-31 点击Q图标

图 4-32 "抖音热榜"板块

第 5 章

直播平台的数据分析

随着"直播+"模式的快速发展，越来越多的运营者开始通过直播进行流量的变现。运营者可以通过数据直观地分析和评估直播的效果，从而寻找提高直播效果的新方法。

这一章重点讲解直播平台的数据查看和分析方法，让大家更好地评估直播的效果。

本章将从账号定位、账号信息设置和抖音运营注意事项等方面，全面解读抖音直播电商运营的准备工作。

5.1 账号直播数据分析

运营者可以通过数据分析，了解账号直播的整体数据情况，从而对自身的直播运营情况进行客观的评估。在分析直播数据时，运营者可以借助一些专业的数据分析平台。

下面以灰豚数据平台为例，对抖音账号直播数据的分析进行讲解。运营者可以在灰豚数据首页单击"立即使用"按钮，进入抖音板块的主页面，如图5-1所示。

图 5-1　单击"立即使用"按钮

操作完成后，在主页面搜索栏输入账号，单击"搜索"按钮，便会显示相关的抖音播主，如图5-2所示。操作完成后，即可进入该账号的详情页面。

图 5-2　搜索账号

5.1.1　直播数据概览

账号的详情页面会直接显示账号的"数据概览"，运营者可以在该页面选择查看抖音账号"近7天""近30天""近60天"和"近90天"的直播数据概况。

如图 5-3 所示，为某抖音账号"近 90 天"的"数据概览"。可以看到该账号这一段时间"新增直播"为44场,"直播销售额(预估)"为4.1亿元,"音浪收入"为33.61万元。

图5-3 某抖音账号"近90天"的"数据概览"

5.1.2 直播能力分析

运营者在"数据概览"页面中单击"直播能力分析"按钮,会显示"近30天""近60天"和"近90天"直播的详细信息,如图5-4所示。

图5-4 单击"直播能力分析"按钮

在这一页面中运营者可以查看某一时间段的"平均直播频率""场均音浪收入""场均观看人次""场均新增粉丝团""直播场次中带货直播占比"及"场均销售额"等数值。

5.1.3 直播数据变化趋势

运营者除了要了解总体的运营情况,对于各项数值变化情况也是需要了解的。

对数值变化波动大的时间段需要重点关注，并分析其原因，方便运营者及时调整以改进后续的运营计划。

在"直播能力分析"页面运营者可以查看"时段分布""日期分布""时长分布""场次分布""观看人次趋势""音浪趋势""销售额趋势""新增粉丝团趋势"的变化趋势图。

1. 时段分布和日期分布

具体来说，运营者在"直播能力分析"页面中单击"时段分布"按钮，会显示时段分布图；单击"日期分布"按钮，会显示日期分布图，如图 5-5 所示。从图中可以看出该账号周六的直播最多，直播时间段则是 12:00 和 19:00 较多。

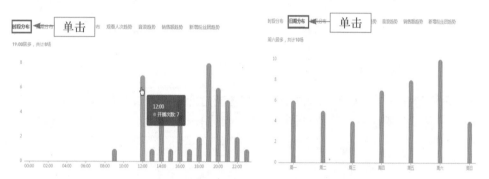

图 5-5　某抖音账号直播"时段分布图"和"日期分布图"

2. 时长分布和场次分布

运营者在"直播能力分析页面"中单击"时长分布"按钮，会显示时长分布图，如图 5-6 所示。单击"场次分布"按钮，会显示场次分布图，如图 5-7 所示。

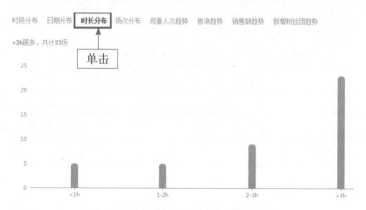

图 5-6　某抖音账号直播时长分布图

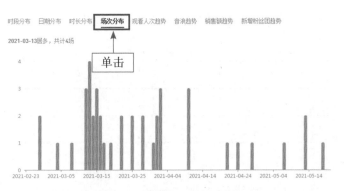

图 5-7 某抖音账号直播场次分布图

从图 5-7 可以看出该账号近 90 天直播超过 3 小时的场次比较多，且直播场次较多的日期都集中在 3 月，最多的时候达到 1 天 4 场直播。

3. 观看人次趋势

对于直播账号而言，直播间的观看人数越多，说明直播热度就越高。运营者在"直播能力分析"页面中单击"观看人次趋势"按钮，可以看到不同直播场次的观看人数变化情况。

如图 5-8 所示，为某抖音账号直播观看人次趋势图。从图中可以看到，2021 年 4 月 2 日的直播观看人数比前期有了大幅度的增长，运营者针对这种大幅度变化的情况就要更加细致地调查，分析其原因。

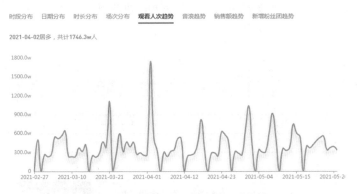

图 5-8 某抖音账号直播观看人次趋势图

4. 音浪趋势和销售额趋势

音浪是指抖音中的虚拟货币，在抖音直播间粉丝给主播的打赏，音浪越多，人气越高，直播收益也就越多。

如图 5-9、图 5-10 所示，分别为某抖音账号直播音浪趋势图和销售额趋势图，图中显示音浪和销售最高的直播场次都是在 2021 年 5 月 18 日。

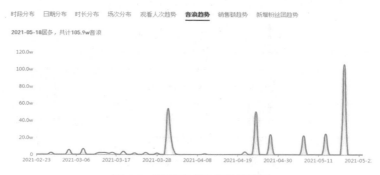

图 5-9　某抖音账号音浪趋势图

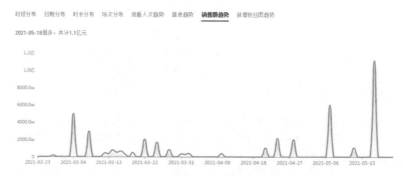

图 5-10　某抖音账号销售额趋势图

5. 新增粉丝团趋势

在新增粉丝团趋势图中，运营者可以查看某段时间的直播新增粉丝量变化趋势，将鼠标指针停留在图表上会显示对应日期的新增粉丝数值，如图 5-11 所示。

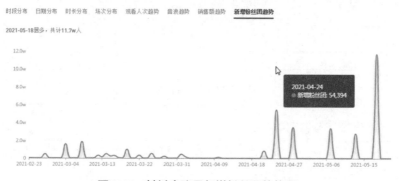

图 5-11　某抖音账号新增粉丝团趋势图

5.2　带货商品数据分析

"直播 +"模式的发展，对许多新媒体运营者来说既是机遇也是挑战，过去流量变现以广告、打赏为主，现今则结合电商开拓了新模式。由于销售商品成为直播收益的主要来源之一，商品数据也成为运营者数据分析的内容之一。

5.2.1　品类分析

因为直播定位和用户需求不同，不同品类的商品获得的直播带货效果往往也存在一定的差异。所以运营者在分析数据的时候也要注意销售列表商品的品类分析。

1. 销量品类分析

在灰豚数据平台中，运营者可以在"直播带货能力分析"页面中，查看账号"近30 天商品品类的销售额和销量"，了解哪些品类的商品更适合进行推广和销售。

如图 5-12 所示，为某抖音账号直播"近 30 天商品品类的销售额和销量"。运营者要查看某一品类的具体销售额和销量，将鼠标指针悬置在上面即可。可以看到，该抖音账号直播中，"彩妆 / 香水 / 美妆工具"类商品销售额和销量最高。

图 5-12　某抖音账号直播"近 30 天商品品类的销售额和销量"

2. 列表品类分析

运营者可以通过直播品类的数据分析，判断哪些品类的商品比较受用户的欢迎，然后在接下来的直播中适当地增加这些品类的商品，从而增加直播的带货收益。

具体来说，在"商品分析"页面有"直播商品"和"视频商品"两大板块，运营者可以通过查看"直播商品"板块，了解直播时列表上架的不同品类商品所占百分比数据。

如图5-13所示，为某抖音账号上架商品的一级品类和二级品类各自品类占比环状图，从图中可以看出上架商品的一级品类中美妆个护类占比最多。

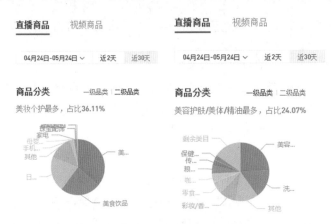

图5-13 "一级品类"和"二级品类"各自品类占比环状图

5.2.2 带货品牌分析

直播带货中销售的商品的品牌也会对直播带货的销售量和销售额造成一定的影响。运营者可以对直播的商品品牌数据进行分析，判断哪些品牌的商品更受用户的欢迎，并在之后的直播带货中选择更受用户欢迎的品牌进行带货。

例如，在灰豚数据平台中，运营者可以在"直播带货能力"页面中，查看抖音账号的"近30天商品品牌销售额和销量"，了解哪些品牌的商品更适合进行推广和销售，如图5-14所示。

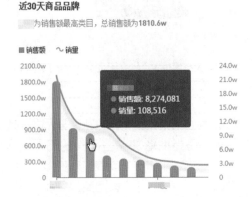

图5-14 某抖音账号直播"近30天商品品牌销售额和销量"

5.2.3　销售数量分析

除了品类和品牌之外,运营者还可以对商品自身的直播数据进行分析和评估。具体来说,在"直播商品"板块会有主播一段时间累计带货商品的详细列表,列表中可以看到商品的"直播价""佣金""直播销量(估)""直播销售额"和"关联的达人 | 直播 | 视频"。

如图 5-15 所示,为某抖音账号直播带货商品按照"直播销量"从多到少的顺序排列。可以看到销量最多的商品销量达到 11 万件,销售额达到了 1035.6 万元,关联达人有 2 人,关联直播有 4 场。

商品(共有99+个商品)	直播价	佣金	直播销量(估)	直播销售额	关联达人 | 直播 | 视频
菌···×...	￥94/94	1%	11.0w	1035.6w	2 | 4 | 0
···12	￥32.9/52.9	1%	10.8w	354.1w	2 | 2 | 0
	￥890/890	1%	9.3w	8282.9w	1 | 1 | 0
长甘...	￥14.9/14.9	1%	7.3w	109.1w	1 | 1 | 0

图 5-15　某抖音账号直播带货商品按照销量"从多到少"顺序排列

5.3　直播观众数据分析

正如前文所提到的,一场直播吸引的观众越多,该直播的影响力就越大,而直播获得的收益也会越多。因此,运营者还需重点对直播观众的相关数据进行分析,并寻找方法提高直播的观看人数和观看人次。

对此运营者可以进入灰豚数据平台"粉丝分析"页面,单击"直播观众画像"按钮,如图 5-16 所示。

数据概览	**粉丝分析**	达人作品	创作能力分析	直播记录	直播能力分析	商品分析

粉丝列表画像　**直播观众画像** ◄── 单击 ──│像

图 5-16　单击"直播观众画像"按钮

5.3.1　观众性别分析

在"直播观众画像"板块，运营者可以查看某抖音账号的直播观众"性别分布"、直播观众"年龄分布"、直播观众"地域分布"。

如图 5-17 所示，为某抖音号的直播观众性别分布。可以看到，该抖音账号的直播观众中，女性占比为 72.12%。

图 5-17　某抖音账号的直播观众性别分布

5.3.2　观众年龄分析

在直播观众"年龄分布"板块中，运营者可以查看各年龄段直播观众的占比情况。如图 5-18 所示，为某抖音账号的直播观众年龄分布。可以看到，该抖音账号中 25 ～ 30 岁的直播观众相对较多，该年龄段直播观众的占比达到了 33.9%。

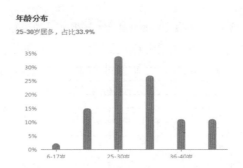

图 5-18　某抖音账号的直播观众年龄分布

5.3.3　观众地域分析

在直播观众"地域分布"板块中，运营者可以查看各省份或城市的观看直播观众的占比情况。如图 5-19 所示，为某抖音号的直播观众地域分布。可以看到，该抖音账号的直播观众分布较多的城市有广州市、上海市、深圳市、杭州市、北京市。其中，广州市的直播观众占比达到了 7.12%。

广东	21.92%	广州	7.12%
浙江	10.21%	上海	4.38%
江苏	7.64%	深圳	4.38%
四川	5.17%	杭州	3.87%
河南	4.74%	北京	3.22%

图 5-19　某抖音账号的直播观众地域分布

5.4　单场直播数据分析

除了账号的直播整体数据之外，运营者还可以针对性地查看单场直播的相关数据。这一节，主要对关键性的单场直播数据进行分析。

例如，在灰豚数据"直播记录"板块，单击任意一场直播，便可跳转至对应直播场次的详情数据页面，如图 5-20 所示。

图 5-20　单击直播场次

单场直播数据详情页面的内容分为"数据概览""留存分析""热门趋势""商品列表""观众画像""音浪榜单"6 个板块。

5.4.1　数据概览

单场直播数据分析页面的最上方是"数据概览"板块，运营者在这一板块可以看到本场直播与上一场直播或者与流量层级平均水平综合对比数据分析。

如图 5-21 所示，为本场直播与"流量层级平均"对比数据概览。可以看到本场直播的"流量层级""成交等级""留存能力"都不错。

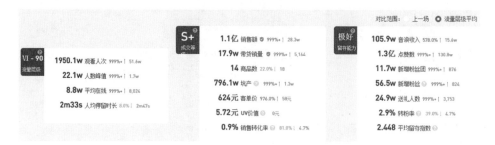

图 5-21　本场直播与"流量层级平均"的数据概览

5.4.2　留存分析

"数据概览"板块的下方是"留存分析"板块。如图 5-22 所示，为本场直播的"留存分析"内容板块。

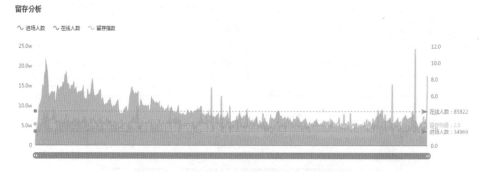

图 5-22　本场直播的"留存分析"内容板块

在这一板块会显示本场直播的"进场人数""在线人数"和"留存指数"变化趋势图。可以看到本场直播的"在线人数"均值为 85822 人，"进场人数"均值为 34969 人，其"留存均值"为 2.5 人。整场直播的"进场人数"变化较小，在直播开始的一段时间在线观看人数较多。

5.4.3　热门趋势

"数据概览"板块的下方是"热门趋势"板块。在这一板块，运营者可以自主选择需要查看的指标数据变化趋势。单击"自定义指标"按钮，页面会展开可以选择的指标，如图 5-23 所示。

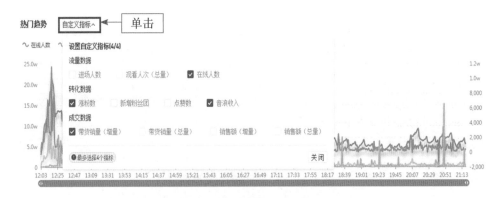

图 5-23　单击"自定义指标"按钮

如图 5-24 所示，为笔者选取的本场直播"在线人数""涨粉数""音浪收入"以及"带货销量（增量）"4 个指标展示的数据变化趋势图，运营者可以根据数据分析需要选择查看指标。

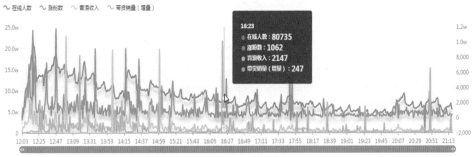

图 5-24　本场直播"在线人数""涨粉数""音浪收入"
及"带货销量（增量）"变化趋势图

运营者可以看到本场直播的"涨粉数""音浪收入"和"带货销量（增量）"都有几个时间段呈现剧增的状态，运营者可以重点分析一下，若要查看具体数值只需将鼠标指针放置在折线图上便能显示对应时间点的数值。

5.4.4　商品列表

"热门趋势"板块下方是本场直播带货的"商品列表"，如图 5-25 所示。运营者可以在这一板块看到本场直播商品"访问流量""成交转化""商品属性"的数据，在本场直播带货中"预估销量"前三的都是美妆个护类产品。

图 5-25　本场直播带货商品列表

5.4.5　观众画像

"商品列表"下方是"观众画像"数据，在这一板块的最上方会简单概括本场直播观众的性别、年龄、地域属性以及观众的来源占比和趋势变化，如图 5-26 所示。

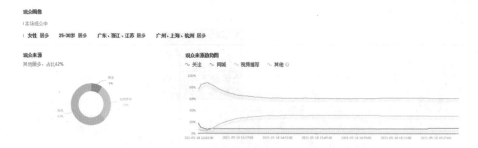

图 5-26　本场直播带货观众画像

在"观众画像"板块中还会显示本场直播观众的"地域分布""性别分布""年龄分布"详细占比，如图 5-27、图 5-28 所示。

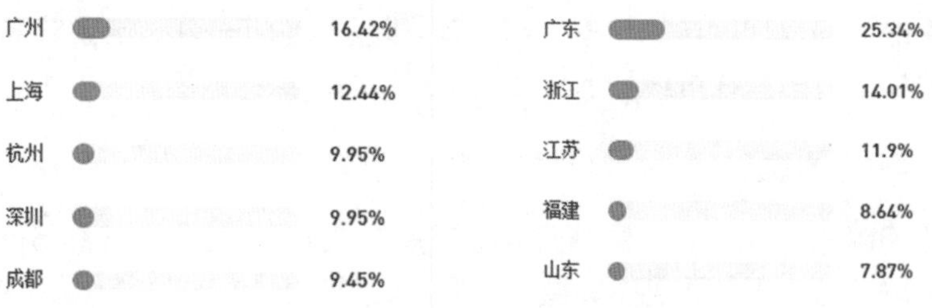

广州	16.42%	广东	25.34%
上海	12.44%	浙江	14.01%
杭州	9.95%	江苏	11.9%
深圳	9.95%	福建	8.64%
成都	9.45%	山东	7.87%

图 5-27　本场直播观众地域分布

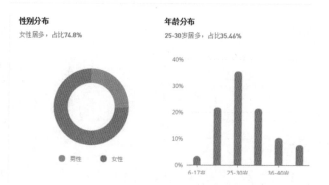

图 5-28　本场直播观众性别分布和年龄分布

5.4.6　音浪榜单

在"音浪榜单 TOP10"板块中，运营者可以查看送礼较多的 10 个播主（即运营者）的名字及其贡献的音浪数，如图 5-29 所示。

音浪榜单TOP10		更新时间：2021-05-18 21:20:28	
排行　土豪名称		贡献音浪	贡献占比
01	●……。	12.0w	38.74%
02	……贝	1.0w	3.24%
03	……女鞋	1.0w	3.23%
04	……优选	9,030	2.91%

图 5-29　本场直播"音浪榜单 TOP10"

第 6 章
用数据分析了解用户

数据化运营的第一步是收集数据。在数据化运营中，运营人员想要精准获取用户，实现更好的运营，除了收集数据，还要会整理数据。

本章和大家一起探讨用户数量、性别比例、地域人数、年龄阶段 4 个方面数据分析整理的具体操作。

6.1　用户数量分析：实时洞悉变化

新媒体平台后台的数据大多都是根据运营账号产生的，在后台的统计模块下，用户数量变化的各项数据是运营者要了解的第一步。下面以微信公众号为例，展开讲解用 Excel 表格工具分析用户增长、用户流失和累积关注人数变化。

6.1.1　用户增长变化分析

【知识解析】

运营者可根据每天或一个时间段的新增人数数据，来判断新增人数是否达到了之前预期的效果。粉丝增长变化是判断营销方案好坏的重要参考，一个好的营销方案有时可以为公众号吸引很多粉丝，反之，不但不吸粉，可能还会掉粉。

运营者要确定每天用户人数的情况，用户数量的变化可以直接反映运营者所实施的营销方式是有效还是无效，这样可以从用户增加或者减少的角度去寻找其中的原因，所以分析新增用户趋势表是很重要的一件事。

【效果欣赏】

以微信公众号为例，介绍"新增用户趋势表"的制作流程和具体方法，完成最终表格的制作，如图 6-1 所示。

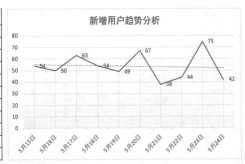

图 6-1　新增用户趋势表

【操作过程】

（1）在微信公众号后台，导出 Excel 数据表。

（2）设置工作表的行高与列宽、字体格式等属性，包括设置边框效果等。

（3）在工作表中插入折线图图表，并设置图表样式、图表格式效果等。

微信公众平台的运营，主要依靠账号的粉丝群体盈利，运营者要随时跟进账号的运营情况，关注每天新增或者取消关注的粉丝人数状态。

1. 制作新增用户 Excel 表

本实例根据微信公众号"手机摄影构图大全"2021 年 5 月 15 日至 2021

年5月24日这段时间的数据，进行新增用户趋势分析，具体步骤如下。

步骤01 进入"手机摄影构图大全"微信公众平台的后台查看数据，单击"统计"下方的"用户分析"模块进入页面，页面的右侧展现"用户分析"的各个板块，滚动鼠标至页面最下方，即可看到近期的详细数据表格，如图6-2所示。

| 2021-05-15 至 2021-05-24 ▼ | | | | 下载表格 ? |
时间 ⇕	新关注人数 ⇕	取消关注人数 ⇕	净增关注人数 ⇕	累积关注人数 ⇕
2021-05-24	42	20	22	84526
2021-05-23	75	12	63	84504
2021-05-22	44	21	23	84441
2021-05-21	38	27	11	84418
2021-05-20	67	27	40	84407
2021-05-19	49	14	35	84367
2021-05-18	54	16	38	84332
2021-05-17	63	27	36	84294
2021-05-16	50	7	43	84258
2021-05-15	54	16	38	84215

图6-2　详细数据表格

步骤02 单击表格右上方的"下载表格"按钮，如图6-3所示。

步骤03 弹出"新建下载任务"对话框；对文件名称重命名；选择下载文件的保存路径，如图6-4所示。

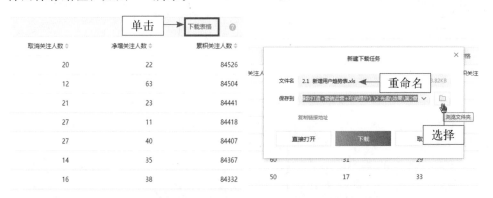

图6-3　单击右上方的"下载表格"按钮　　　图6-4　选择下载文件的保存路径

步骤04 单击"下载"按钮，即可导出Excel数据表。打开导出的Excel数据表，弹出Microsoft Excel对话框；单击"是"按钮，如图6-5所示。

步骤05 操作完成即可打开Excel数据表，如图6-6所示。

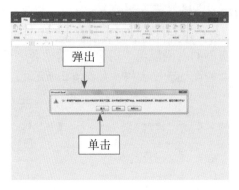

图 6-5　单击"是"按钮　　　　　　　　图 6-6　打开 Excel 数据表

步骤 06　选择 A1:J1 单元格区域，在"开始"面板的"对齐方式"选项板中，单击"合并后居中"按钮，如图 6-7 所示。

步骤 07　即可取消 A1:J1 单元格区域合并后居中的操作，选择 A1:E1 单元格区域，再次单击"合并后居中"按钮，如图 6-8 所示。

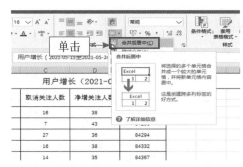

图 6-7　单击"合并后居中"按钮　　　图 6-8　再次单击"合并后居中"按钮

步骤 08　选择 A1:E1 单元格区域，修改其中的文字，如图 6-9 所示。

步骤 09　选择工作表第 3 行单元格区域，单击鼠标右键，弹出快捷菜单；选择"删除"选项，如图 6-10 所示。

步骤 10　选择 A1:E2 单元格区域，在"开始"面板的"字体"选项板中，单击"边框"按钮；在弹出的列表框中选择"所有框线"选项，即可为 A1:E2 单元格区域添加框线效果，如图 6-11 所示。

2. 用折线图显示数据

Excel 中的折线图可以用于分析微信公众号每天新关注的人数随时间连续变化的趋势，根据折线的趋势分析用户增加还是减少，可以更方便运营者直接地观察数据变化趋势，从而有利于分析出有价值的信息。下面为大家演示制作折线图的具体操作步骤。

图 6-9　修改其中的文字　　　　　图 6-10　选择"删除"选项

图 6-11　选择"所有框线"选项，添加框线效果

步骤 01　选择 A2:B12 单元格区域，在"插入"面板的"图表"选项板中，单击"插入折线图或面积图"按钮，如图 6-12 所示。

步骤 02　弹出列表框，选择"二维折线图"中的"折线图"选项，如图 6-13 所示。

图 6-12　单击"插入折线图或面积图"按钮

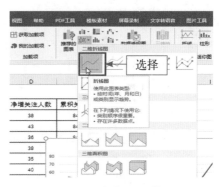

图 6-13　选择"折线图"选项

步骤 **03** 在工作表中插入一个折线图图表后，选择"新关注人数"文本框，将"新关注人数"修改为"新用户趋势分析"，设置图表标题，如图 6-14 所示。

步骤 **04** 选择折线图表，在"设计"面板的"图表样式"选项板中，选择"样式4"图表样式，即可设置图表样式，效果如图 6-15 所示。

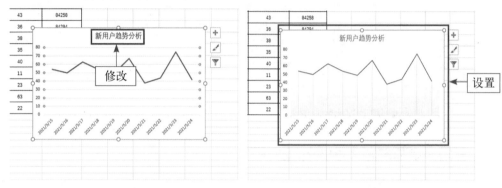

图 6-14　设置图表标题　　　　　图 6-15　设置图表样式

3. 分析新增用户趋势

在折线图表中只能看出明显的数据变化，无法更详细地观看表中的趋势情况。我们可以根据折线图上的高低点，设置一条趋势线，将折线图进行完善，查看图中的明显趋势，更直观地分析数据信息。

那么要如何在折线图中设置趋势线呢？下面将为大家演示具体操作步骤。

步骤 **01** 选择图表水平（类别）轴，单击鼠标右键，弹出快捷菜单，选择"设置坐标轴格式"选项，弹出"设置坐标轴格式"面板；单击"数字"左侧的倒三角按钮；在展开的选项中，单击"类型"右侧的下拉按钮，如图 6-16 所示。

步骤 **02** 弹出列表框，选择"3月14日"选项，如图 6-17 所示。

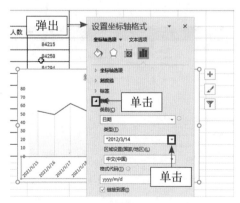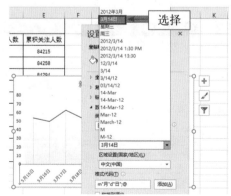

图 6-16　单击"类型"右侧的下拉按钮　　　图 6-17　选择"3 月 14 日"选项

步骤 03 选择图表垂直（值）轴，单击鼠标右键，弹出快捷菜单，选择"添加主要网格线"选项，即可在工作表中，设置图表的主要网格线效果，如图 6-18 所示。

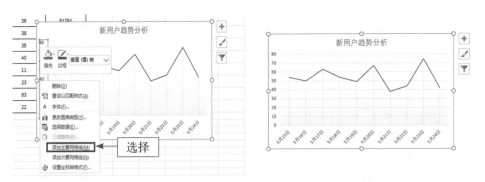

图 6-18 选择"添加主要网格线"选项和效果展示

步骤 04 选择图表中的折线，单击鼠标右键，弹出快捷菜单；在弹出的快捷菜单中选择"添加数据标签"选项，即可在图表垂直线中显示各个日期的值，如图 6-19 所示。

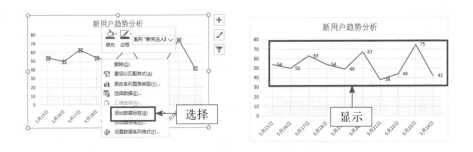

图 6-19 选择"添加数据标签"选项，显示垂直线各个日期的值

步骤 05 继续在图表中的折线上单击鼠标右键，弹出快捷菜单，选择"添加趋势线"选项，如图 6-20 所示。

步骤 06 弹出"设置趋势线格式"面板，在"设置趋势线格式"面板中选择"填充与线条"选项区，如图 6-21 所示。

步骤 07 在"填充与线条"选项区下，单击"短划线类型"右侧的下拉按钮，弹出列表框；选择"方点"选项，如图 6-22 所示。

步骤 08 单击"设置趋势线格式"面板右上角的"关闭"按钮，即可设置图表趋势线的格式，如图 6-23 所示。

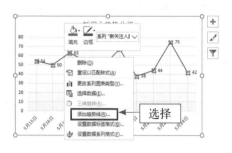

图 6-20　选择"添加趋势线"选项

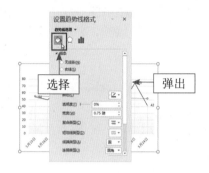

图 6-21　选择"填充与线条"选项区

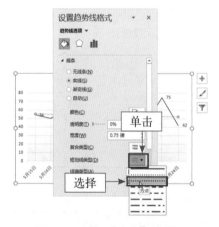

图 6-22　选择"方点"选项

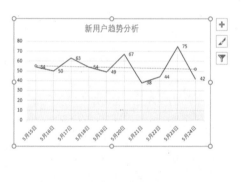

图 6-23　设置图表趋势线的格式

从图 6-23 中的折线图图表可以看出，2021 年 5 月 15 日至 2021 年 5 月 20 日用户新增人数总体来说还算稳定，但是 2021 年 5 月 21 日至 5 月 24 日用户新增人数浮动起落较大，其中，5 月 23 日为新增人数数据上升的最高点，5 月 24 日新增人数数值又急速下降。

运营者可以查看在 5 月 23 日的前两天发布的内容参考，分析用户比较喜欢什么类型的内容。总体来说，新增人数数据处于比较平稳的状态，人数虽然起落较大，但账号新增关注人数一直处于上升状态。

6.1.2　用户流失分析

【知识解析】

对于运营者来说，粉丝用户的数量变化反映了运营方式的实施准确性。如果取消关注的人日益增多，那么就要分析出现该问题的原因，然后尽可能避免这种趋势继续发展下去。

　　用户对微信公众平台取消关注的原因可能有很多种。通常来说，用户取消关注最大的原因是对推送的消息不感兴趣，所以把握用户的兴趣点，提高内容含金量是最好的解决办法。

　　【效果欣赏】

　　本实例主要介绍"用户流失趋势表"的制作流程和具体方法，用户流失趋势表的最终效果，如图 6-24 所示。

用户流失趋势表

时间	累积关注人数	取消关注人数	用户流失率	警戒线
2021/5/15	84215	16	0.02%	0.05%
2021/5/16	84258	7	0.01%	0.05%
2021/5/17	84294	27	0.03%	0.05%
2021/5/18	84332	16	0.02%	0.05%
2021/5/19	84367	14	0.02%	0.05%
2021/5/20	84407	27	0.03%	0.05%
2021/5/21	84418	27	0.03%	0.05%
2021/5/22	84441	21	0.02%	0.05%
2021/5/23	84504	12	0.01%	0.05%
2021/5/24	84526	20	0.02%	0.05%

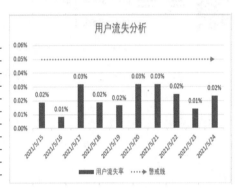

图 6-24　用户流失趋势表

【操作过程】

（1）创建用户流失率统计表，统计相关数据内容，并设置对齐方式等操作。

（2）运用 Excel 的 SUM 函数，统计微信平台的用户流失率数据。

（3）在工作表中插入柱形图表，在图表上绘制警戒线等操作。

　　在微信公众号运营过程中，取消关注人数有时候并不能说明问题，因此，运营者需要更为科学的分析方法来对待这一数据，那就是统计用户的流失率，掌握用户流失的情况可以让运营人员更好地把控营销方式。

1. 创建用户流失趋势表

　　用户流失情况主要与账号"累积关注人数"和"取消关注人数"相关，因此运营者要统计用户流失首先需要建立包含这两个数值的表格，具体操作步骤如下。

　　步骤 01　从"开始"菜单进入 Excel 工作界面，在空白位置单击"空白工作簿"缩略图，即可创建空白文档；将用户流失趋势表粘贴至新文档，如图 6-25 所示。

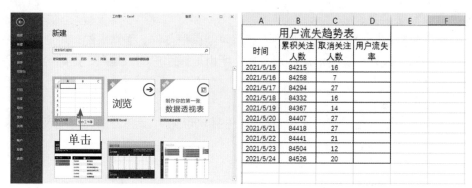

图 6-25　单击"空白工作簿"缩略图，复制粘贴"用户流失趋势表"

步骤 02 选择行标 1，单击鼠标右键，在弹出的快捷菜单中选择"行高"选项，如图 6-26 所示。

步骤 03 弹出"行高"对话框；在其中设置行高参数为 50，如图 6-27 所示。

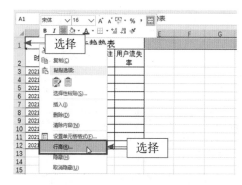

图 6-26　选择"行高"选项

图 6-27　设置行高参数

步骤 04 设置行高，单击"确定"按钮，即可设置行标 1 的整行高度；选择行标 2 ~ 12，用与上同样的方法，设置行标 2 ~ 12 的参数为 20，效果如图 6-28 所示。

步骤 05 选择列标 A ~ D 列，单击鼠标右键；在弹出的快捷菜单中选择"列宽"选项，弹出"列宽"对话框，设置列宽参数为 15，如图 6-29 所示。

专家提醒

将鼠标指针移至编辑区列标 A 列右侧边框上，此时鼠标指标呈 ✛ 形状，单击鼠标左键并向右拖曳，也可调整 A 列表格的列宽。

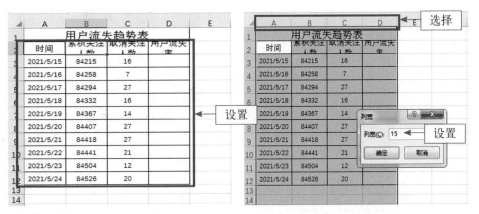

图 6-28 设置行高属性　　　　图 6-29 设置列宽参数

步骤 06 设置列宽属性完成后，选择 B2:D12 单元格区域，在"开始"面板的"对齐方式"选项板中，单击"垂直居中"按钮；再单击"居中"按钮，如图 6-30 所示。

步骤 07 选择 A1:D1 单元格区域，在"开始"面板的"字体"选项板中，设置"字体"为"黑体"；"字号"为 18，设置字体格式，如图 6-31 所示。

图 6-30 单击相对应按钮

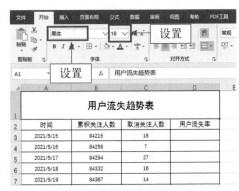

图 6-31 设置字体格式

2. 计算流失率创建图表

用户流失率在后台不会被显示出来，我们可以用其他的方式进行统计，计算用户流失率的公式是：用户流失率＝（取消关注用户/平台累积关注人数）×100%。通过计算用户流失率来分析用户流失率的数据情况，根据这一情况制作图表，能够使运营者更直观地看到数据趋势，便于分析原因。下面我们就一起来制作用户流失分析表。

步骤 01 选择 D3 单元格；在单元格中输入公式 =SUM（C3/（B3-C3），"0.00%"），如图 6-32 所示。

步骤 02 按 Enter 键确认，即可得出 D3 单元格的数据结果，计算出 2021 年 5 月 15 日的用户流失率数据，如图 6-33 所示。

图 6-32　输入公式　　　　　图 6-33　计算用户流失率数据

步骤 03 将鼠标移至 D3 单元格右下角，当光标呈 ✚ 形状时，单击鼠标左键的同时向下拖曳至 D12 单元格，如图 6-34 所示。

步骤 04 执行操作后，即可在单元格填充相关数据，得出其他日期的用户流失率数据，如图 6-35 所示。

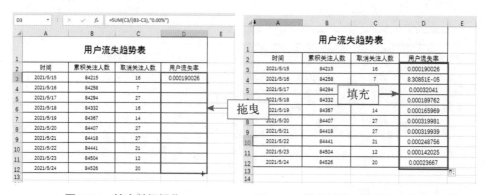

图 6-34　填充数据操作　　　　图 6-35　填充其他日期的用户流失率数据

步骤 05 选择 D3:D12 单元格区域，单击鼠标右键，弹出快捷菜单，选择"设置单元格格式"选项，如图 6-36 所示。

步骤 06 弹出"设置单元格格式"对话框；选择"数字"选项卡；设置"分类"为"百分比"；设置"小数位数"为 2，如图 6-37 所示。

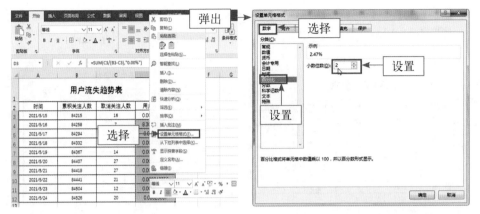

图 6-36 选择"设置单元格格式"选项　　　　图 6-37 设置百分比小数位数

专家提醒

用户在运用 Excel 软件制表的过程中，如果出现操作失误的情况，可以直接清除单元格。清除单元格数据或格式的方法很简单，只需在工作表中选择要清除数据或格式的单元格，在"开始"面板的"编辑"选项板中，单击"清除"下拉按钮，在弹出的下拉列表中选择"清除格式""清除内容"等选项，即可清除单元格数据或单元格的格式。

步骤 ⑦ 单击"确定"按钮，即可设置 D3:D12 单元格区域的百分比格式，如图 6-38 所示。

步骤 ⑧ 在工作表的 E2 单元格中输入"警戒线"标题，并设置工作表的单元格格式以及添加框线效果，如图 6-39 所示。

		用户流失趋势表		
	时间	累积关注人数	取消关注人数	用户流失率
3	2021/5/15	84215	16	0.02%
4	2021/5/16	84258	7	0.01%
5	2021/5/17	84294	27	0.03%
6	2021/5/18	84332	16	0.02%
7	2021/5/19	84367	14	0.02%
8	2021/5/20	84407	27	0.03%
9	2021/5/21	84418	27	0.02%
10	2021/5/22	84441	21	0.02%
11	2021/5/23	84504	12	0.01%
12	2021/5/24	84526	20	0.02%

图 6-38 设置相关的百分比格式

	用户流失趋势表			
时间	累积关注人数	取消关注人数	流失率	警戒线
2021/5/15	84215	16	0.02%	
2021/5/16	84258	7	0.01%	
2021/5/17	84294	27	0.03%	
2021/5/18	84332	16	0.02%	
2021/5/19	84367	14	0.02%	
2021/5/20	84407	27	0.03%	
2021/5/21	84418	27	0.02%	
2021/5/22	84441	21	0.02%	
2021/5/23	84504	12	0.01%	
2021/5/24	84526	20	0.02%	

图 6-39 添加框线效果

步骤⑨ 选择 E3 单元格，在单元格中输入相关的数据信息，如图 6-40 所示。

步骤⑩ 用与上同样的方法，填充相应的数据信息，如图 6-41 所示。

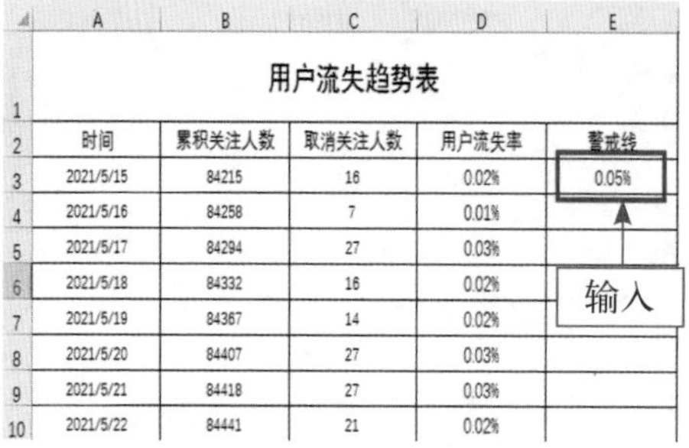

图 6-40　输入相关的数据信息

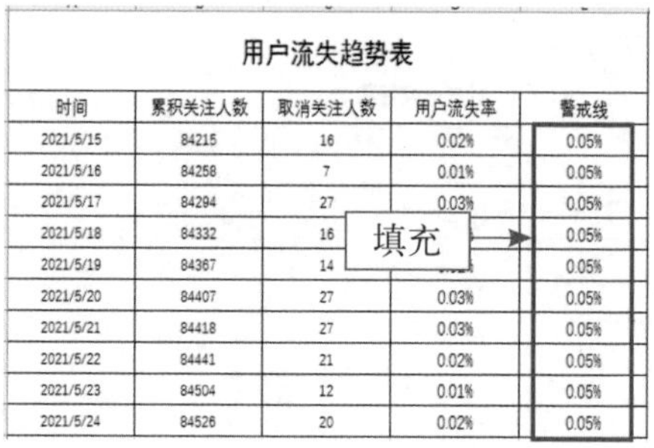

图 6-41　填充相应的数据信息

步骤⑪ 按住 Ctrl 键的同时，选择 A2:A12、D2:E12 单元格区域，在"插入"面板的"图表"选项板中，单击"插入柱形图或条形图"按钮；选择"二维柱形图"下方的"簇状柱形图"选项，如图 6-42 所示。

步骤⑫ 即可在工作表中插入簇状柱形图图表，并设置"图表标题"为"用户流失分析"，设置图表标题，效果如图 6-43 所示。

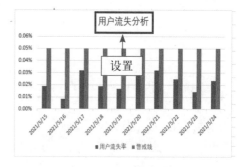

图 6-42　选择相应选项

图 6-43　设置图表标题

3. 设置流失率警戒线

流失率警戒线是根据每个平台的数据人数趋势情况统计的，是运营者根据实际情况总结出来的。如果取消关注的人数流失率超过警戒线这个标准，那么运营者则要引起重视，分析原因及时采取措施，才能够解决问题。设置流失率警戒线具体步骤如下。

步骤① 在图表中选择任意一个橙色柱形条，单击鼠标右键，弹出快捷菜单；选择"更改系列图表类型"选项，如图 6-44 所示。

步骤② 弹出"更改图表类型"对话框；单击"警戒线"右侧的下拉按钮；

选择"折线图"选项，如图 6-45 所示。

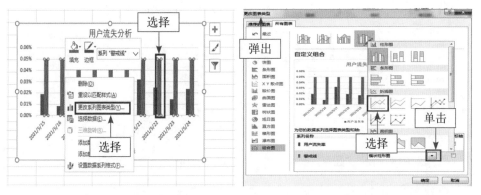

图 6-44　选择"更改系列图表类型"选项　　图 6-45　单击相应按钮，选择"折线图"选项

步骤 03　单击"确定"按钮，即可更改"警戒线"图表类型，如图 6-46 所示。

步骤 04　选择警戒线，单击鼠标右键，弹出快捷菜单；选择"设置数据系列格式"选项，如图 6-47 所示。

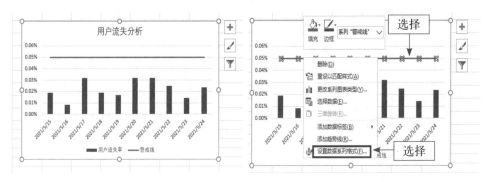

图 6-46　更改"警戒线"图表类型　　图 6-47　选择"设置数据系列格式"选项

专家提醒

除了上述的方法可以更改图表类型外，还可以在"设计"面板的"类型"选项板中单击"更改图表类型"按钮，弹出"更改图表类型"对话框，即可更改图表类型。

步骤 05　弹出"设置数据系列格式"面板；单击"短划线类型"右侧下拉按钮，弹出列表框；选择"圆点"选项，如图 6-48 所示。

步骤 06　继续在"填充与线条"选项区下，单击"结尾箭头类型"右侧的下拉按钮，弹出列表框；选择"箭头"选项，如图 6-49 所示。

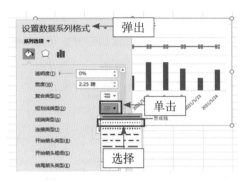

图 6-48　选择"圆点"选项

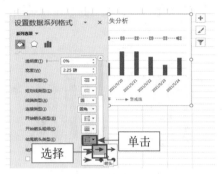

图 6-49　选择"箭头"选项

步骤 ⑦　单击"结尾箭头粗细"右侧的下拉按钮，弹出列表框；选择"右箭头 5"选项，如图 6-50 所示。

步骤 ⑧　警戒线格式调整好之后，选择蓝色柱形条，单击鼠标右键，弹出快捷菜单；选择"添加数据标签"选项，如图 6-51 所示。

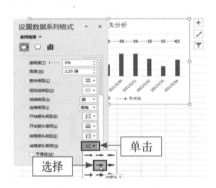

图 6-50　选择"右箭头 5"选项

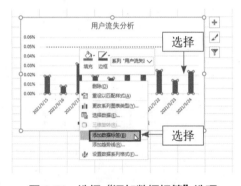

图 6-51　选择"添加数据标签"选项

步骤 ⑨　选择图表，在"格式"面板的"艺术字样式"选项板中，选择"填充：蓝色，主题色 1；阴影"样式，如图 6-52 所示。至此，完成用户流失趋势表的制作。

图 6-52　选择相应样式

6.1.3　累积关注人数分析

【知识解析】

"累积关注人数"代表着一个运营平台长期以来的粉丝数量，展示了一个阶段总体人数的增长情况。其实这个数据还可以推算账号的资深粉丝数量，可以供运营人员对数据进行深层次的分析。

例如，用户累积数出现了大幅度的波动，突然大幅度下降，那么就说明运营推广可能存在某些问题，这是运营者需要重点注意的地方。

【效果欣赏】

本实例主要介绍"累积关注人数统计表"的制作流程和具体方法，累积关注人数统计表的最终效果，如图 6-53 所示。

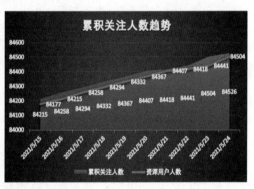

累积关注人数统计表			
时间	净增关注人数	累积关注人数	资深用户人数
2021/5/15	38	84215	84177
2021/5/16	43	84258	84215
2021/5/17	36	84294	84258
2021/5/18	38	84332	84294
2021/5/19	35	84367	84332
2021/5/20	40	84407	84367
2021/5/21	11	84418	84407
2021/5/22	23	84441	84418
2021/5/23	63	84504	84441
2021/5/24	22	84526	84504

图 6-53　累积关注人数统计表

【操作过程】

（1）导出 Excel 数据表，并在工作表中删除相应的单元格区域。

（2）运用 Ctrl+X 组合键剪切相应单元格区域内容，运用 Ctrl+V 组合键粘贴剪切的单元格区域内容。

（3）运用 Excel 的 SUM 函数，统计相应日期的老用户数。

（4）在工作表中插入组合图，并设置图表的样式和文本轮廓等。

累积关注人数主要是由净增关注人数和资深用户人数两大部分构成的，运营者通过分析这两类数值，可以更好地把握累积关注人数变化趋势。

1. 整理 Excel 数据

下面以"手机摄影构图大全"微信公众号为例，选择 2021 年 5 月 15 日至 2021 年 5 月 24 日这个时间段的信息数据进行以下操作分析。

步骤 01　复制粘贴 6.1.1 节"新增用户趋势表"，修改名为"累积关注人数统计表"，修改工作表 A1:E1 单元格中的文字；删除 B ～ C 列，如图 6-54 所示。

步骤 02 选择 C 列单元格，单击鼠标右键，弹出快捷菜单；选择"插入"选项，插入一列空白单元格，如图 6-55 所示。

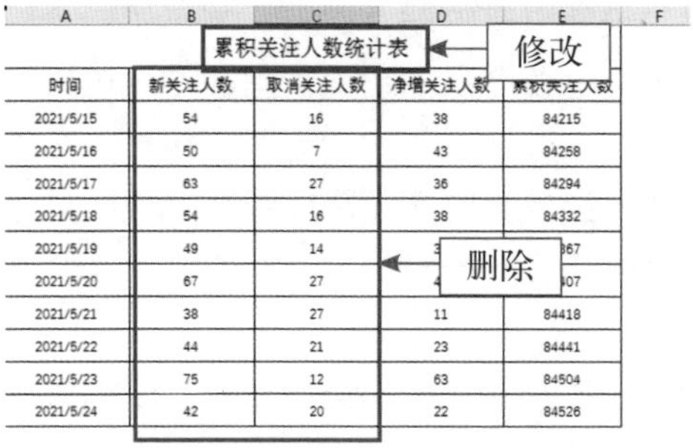

图 6-54　选择"删除"选项

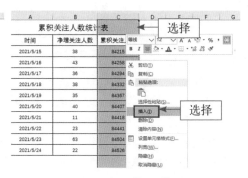

图 6-55　选择"插入"选项

专家提醒

用户还可以通过其他方法选择多个单元格区域，只需要单击"编辑栏"左边的"名称框"，使名称框处于激活状态，在"名称框"中，输入第一个单元格名称和最后一个单元格名称，例如，D2:D12，按Enter 键确认，即可选择相邻的多个单元格区域。

步骤 03 设置表格 C2:C3 单元格区域的对齐方式效果，如图 6-56 所示。

步骤 04 选择 D2:D12 单元格区域，按 Ctrl+X 组合键，剪切所选择的单元格区域，将光标移至 C2 单元格，按 Ctrl+V 组合键，即可复制 D2:D12 单元格区域至 C2:C12 单元格区域，并设置相应单元格的对齐方式属性，以及添加框线效果，如图 6-57 所示。

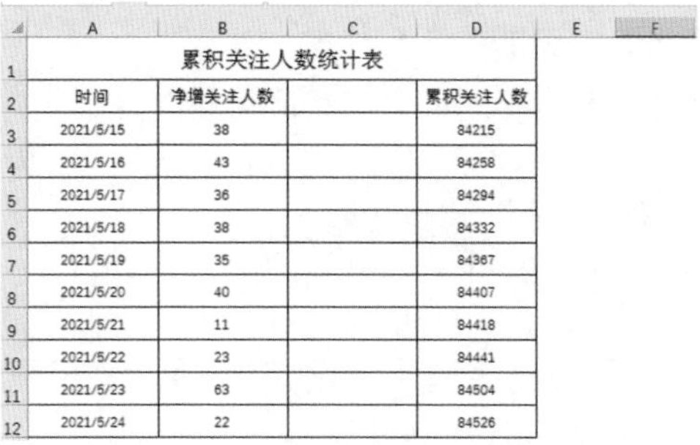

图 6-56　设置单元格区域对齐效果

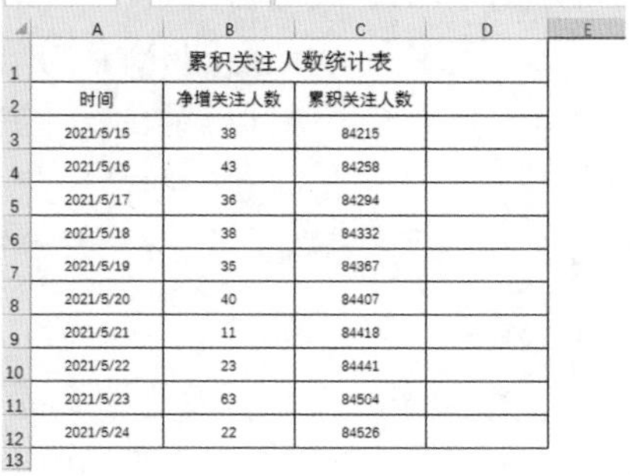

图 6-57　添加框线效果

专家提醒

上述复制单元格区域还可以按住 Ctrl 键的同时，拖动鼠标，将需要复制的单元格拖曳至目标单元格即可复制单元格数据。

2. 统计资深用户人数

统计资深用户人数可以使运营人员分析这些资深用户，但是后台是不会提供资深用户人数的数据的，我们可以根据累积关注人数与净增关注人数来计算得出。

计算资深用户人数的公式为：资深用户人数＝累积关注人数－净增关注人数，即可计算资深用户人数的数量。

步骤 01　选择 D2 单元格，在其中输入"资深用户人数"，选择 D3 单元格；输入公式 =SUM（C3 － B3），如图 6-58 所示。

步骤 02　按 Enter 键，即可得出 D3 单元格的数据结果，统计 2021 年 5 月 15 日的资深用户人数，将鼠标指针移至 D4 单元格右下角，当光标呈现 ✚ 形状时，单击鼠标左键的同时向下拖曳至 D12 单元格，可得出其他日期资深用户人数，如图 6-59 所示。

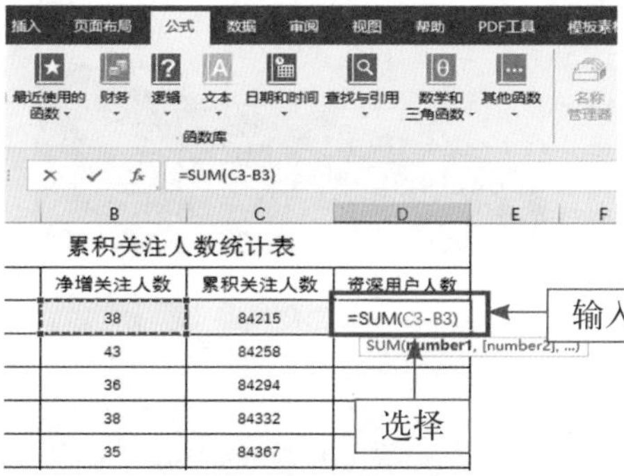

图 6-58　输入公式 　　　　　图 6-59　统计相应日期的资深用户人数

步骤 03　按住 Ctrl 键，选择 A2:A12、C2:D12 单元格区域，在"插入"面板的"图表"选项板中，单击"插入组合图"按钮；在弹出的列表框中，选择"创建自定义组合图"选项，如图 6-60 所示。

步骤 04　弹出"插入图表"对话框；单击"累积关注人数"右侧的下拉按钮；在弹出的下拉列表中，选择"面积图"选项，如图 6-61 所示。

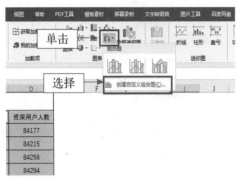

图 6-60　选择"创建自定义组合图"选项

图 6-61　单击相应的按钮，选择"面积图"选项

步骤 05　在工作表中自定义图表类型，并设置"图表标题"为"累积关注人数趋势"，设置图表标题，效果如图 6-62 所示。

步骤 06　按照前面的方法为折线图和面积图添加数据标签，效果如图 6-63 所示。

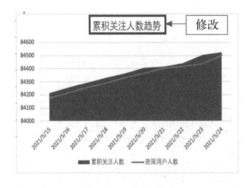

图 6-62　设置图表标题

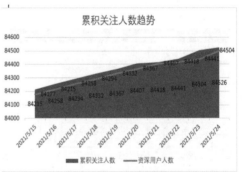

图 6-63　添加数据标签

步骤 07　选择图表，在"设计"面板的"图表样式"选项中，选择"样式 6"图表样式；在"格式"面板的"艺术字样式"选项板，单击"文本轮廓"右侧下拉按钮，在弹出的"颜色"面板选择"白色，背景 1，深色 5%"色块，效果如图 6-64 所示。

步骤 08　在工作表中选择图表，将鼠标移至图表右下角，当鼠标指针呈 ⇲ 形状时，按住鼠标左键并向右拖曳至适当位置后释放鼠标左键，即可调整图表的大小。至此，完成累积关注人数统计表的制作，效果如本节开头图 6-53 所示。

"累积关注人数"趋势图其实不仅仅展现了一定时期内的总体人数增加情况，还可以用在特殊时间段里，供运营者对数据进行深层次的分析。

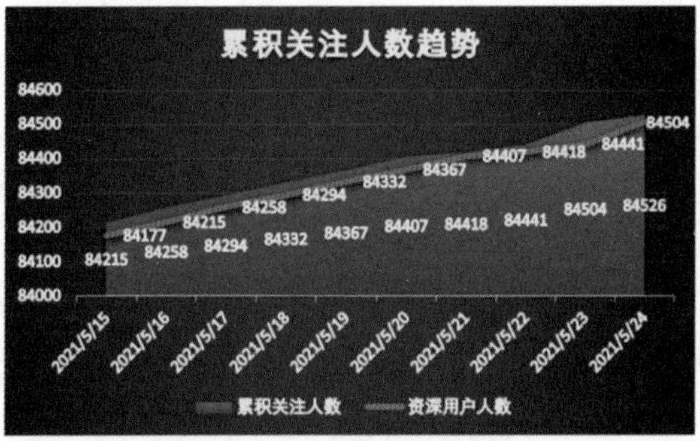

图 6-64　设置图表样式效果

如果人数数据趋势浮动下降，那么运营者要反思运营的某一个环节是否出现了问题，就要及时分析原因并解决问题。所以运营者要时刻关注账号后台数据的变化，以便于更好地运营账号。

6.2　性别比例分析：把握性别痛点

【知识解析】

了解一个运营平台的用户性别人数占比，是一件很重要的事情。男性和女性是不同的，每个人的兴趣爱好不同，需求也不同。如果运营人员将男女比例人数统计并分析，以后可以根据用户的性别推出一些有针对性的营销活动，吸引更多的人。

下面以"手机摄影构图大全"微信公众号为例，分析用户性别属性。用户的性别代表了不同性别的人爱好不同，关注点也不同。

【效果欣赏】

本实例主要介绍"性别比例统计表"的制作流程和具体方法，性别比例统计表的最终效果，如图 6-65 所示。

性别比例统计表							
序号	日期	性别			总人数	性别占比		
		男	女	未知		男	女	未知
1	2021.5.15	52340	31752	123	84215	62.2%	37.7%	0.1%
2	2021.5.16	52344	31788	126	84258	62.1%	37.7%	0.1%
3	2021.5.17	52350	31812	132	84294	62.1%	37.7%	0.2%
4	2021.5.18	52355	31843	134	84332	62.1%	37.8%	0.2%
5	2021.5.19	52358	31872	137	84367	62.1%	37.8%	0.2%
6	2021.5.20	52367	31899	141	84407	62.0%	37.8%	0.2%
7	2021.5.21	52402	31872	144	84418	62.1%	37.8%	0.2%
8	2021.5.22	52412	31881	148	84441	62.1%	37.8%	0.2%
9	2021.5.23	52459	31893	152	84504	62.1%	37.7%	0.2%
10	2021.5.24	52470	31898	158	84526	62.1%	37.7%	0.2%

图 6-65　性别比例统计表

【操作过程】

（1）新建一个工作表，并设置工作表的行高与列宽、字体格式等属性；

（2）运用 Excel 的 SUM 函数，统计男、女和未知性别的占比情况。

6.2.1　创建性别比例统计表

性别比例统计表主要是统计微信运营平台粉丝用户的性别人数，以及性别所占人数的比例情况。通过男女比例的数量可以制定相应的推广方案或者是营销活动，从而增加微信公众号的粉丝数量，具体操作步骤如下。

步骤 01　新建一个名为"性别比例统计表"的工作表，在表中输入相关的信息内容，并设置表格的行高与列宽属性，如图 6-66 所示。

步骤 02　设置工作表的字体格式、对齐方式属性，并为表格添加所有框线效果，如图 6-67 所示。

图 6-66　新建工作表

性别比例统计表

序号	日期	性别			总人数	性别占比		
		男	女	未知		男	女	未知
1	2021.5.15	52340	31752	123	84215			
2	2021.5.16	52344	31788	126	84258			
3	2021.5.17	52350	31812	132	84294			
4	2021.5.18	52355	31843	134	84332			
5	2021.5.19	52358	31872	137	84367			
6	2021.5.20	52367	31899	141	84407			
7	2021.5.21	52402	31872	144	84418			
8	2021.5.22	52412	31881	148	84441			
9	2021.5.23	52459	31893	152	84504			
10	2021.5.24	52470	31898	158	84526			

图 6-67　为表格添加所有框线效果

6.2.2　不同性别人数的占比

运营者在了解账号粉丝用户总人数和不同性别的人数之后就可以开始计算各自的占比了，具体的计算方法和主要步骤如下。

步骤 01　在 G4 单元格中输入计算占比公式，如图 6-68 所示。

步骤 02　按 Enter 键确认，即可得出 G4 单元格的数据结果，统计男性所占总人数的比例；光标移至 F4 单元格右下角，当光标变成╋形状时，单击鼠标左键并向下拖曳至 F13 单元格，即可得出其他日期的男性占粉丝用户总人数的比例，如图 6-69 所示。

步骤 03　选择 H4 单元格，在单元格中输入公式，计算女性所占总人数比例，如图 6-70 所示。

步骤 04　按 Enter 键确认，即可得出 H4 单元格的数据结果，统计女性所占总人数的比例，再用与上同样的方法，得出其他日期女性占粉丝用户总人数的比例，如图 6-71 所示。

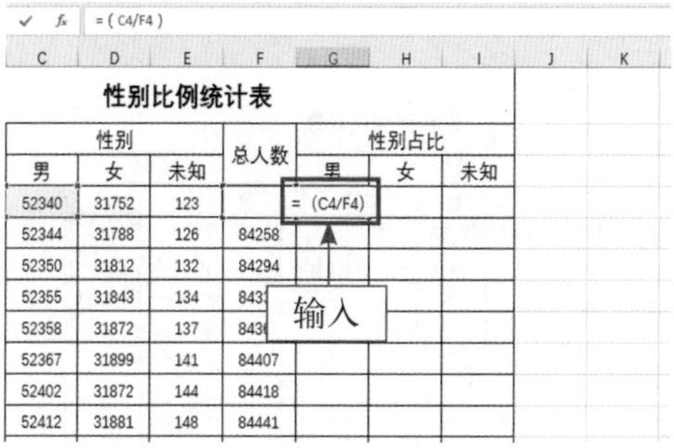

图 6-68　在单元格中输入公式

图 6-69　统计其他日期的男性所占比例

图 6-70　在单元格中输入公式

图 6-71　统计女性所占总人数的比例

步骤 05　选择 I4 单元格，在单元格中输入占比公式，如图 6-72 所示。

步骤 06　按 Enter 键确认，即可得出 I4 单元格的数据，未知性别的数据比例，用与上同样的方法，可得出其他日期的未知性别数据，如图 6-73 所示。

图 6-72　在单元格中输入公式

图 6-73　统计未知性别所占总人数的比例

步骤 07　选择 G4:I13 单元格区域，调出"设置单元格格式"对话框，在"数字"选项卡中设置"分类"为"百分比"；设置"小数位数"为1，如图6-74所示。

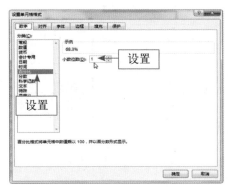

图6-74　设置数字的百分比格式

6.2.3　分析最佳推广方式

在制定内容推送策略时，首先要对自身的公众号进行用户性别属性分析，下面以"手机摄影构图大全"微信公众号为例展开分析。

从前文的数据可知，该微信公众号男性比女性粉丝要多，微信平台运营人员可以将用户按照性别进行分组，分为女性组和男性组，然后发布一些有个性的或者有针对性的内容。

推送策略：可以运用这种模式试发1周，例如，第1天发布与男性相关的内容，包括发布一些黑科技、美剧大片相关的手机构图知识，第2天则发布与女性相关的内容，包括一些美妆、情感、闺蜜相关的手机构图知识，1周交叉发布针对不同性别的文章内容。

1周后，根据文章的阅读量、转发量、评论量等数据分析此策略的效果，如果阅读量提高，那么证明此策略可行，可以继续保持；如果阅读量非但没有增长，反而减少，那么就得分析是推送文章的时间段不对还是内容吸引力不够。在这里本书只是举例说明，详细的策略还需要各平台运营者自行揣摩和研究。

6.3　地域人数分析：地域营销基础

【知识解析】

账号的后台可以对用户的地域属性数据进行统计，根据表中的数据分析每个地域的价值观、消费观或者审美观，都会直接影响到账号内容的推送效果。

【效果欣赏】

本实例主要介绍"地域人数统计表"的制作流程和具体方法。地域人数统计表的最终效果，如图 6-75 所示。

【操作过程】

（1）新建一个地域人数统计表，并设置字体格式、对齐方式等属性。

（2）通过 Excel 的排序功能，对工作表进行排序操作。

（3）通过 Excel 的条件格式功能，对工作表设置条件格式效果。

（4）根据推送图文的内容及热点，分析地区用户关注度和需求度。

地域人数统计表

序号	区域	人数
5	广东省	15010
6	浙江省	5503
7	江苏省	5387
3	北京	4557
2	山东省	3990
4	山东省	3990
1	上海	3788
9	湖南省	3569
10	河南省	3435
11	湖北省	3178
8	福建省	3014
12	陕西省	2586

图 6-75 地域人数统计表

6.3.1 创建地域人数统计表

地域人数统计表主要包含区域、人数等信息，分析各区域的人数分布情况。每个地域由于风俗、发展情况不同，喜好自然也会有所不同。分析地域人数可以由此判断每个地域对发布的内容持什么态度，也可以为接下来的营销方案提供一个参考。

步骤01 新建一个名为“地域人数统计表”的工作表，在表中输入相关的信息内容，并设置表格的行高与列宽属性，如图 6-76 所示。

步骤02 设置工作表的字体格式、对齐方式属性，并为表格添加所有框线效果，如图 6-77 所示。

	A	B	C	D
1	地域人数统计表			
2	序号	区域	人数	
3	1	上海市	3788	
4	2	山东省	3990	
5	3	北京市	4557	
6	4	山东省	3990	
7	5	广东省	15010	
8	6	浙江省	5503	
9	7	江苏省	5387	
10	8	福建省	3014	
11	9	湖南省	3569	
12	10	河南省	3435	
13	11	湖北省	3178	
14	12	陕西省	2586	
15				
16				
17				

图 6-76 输入相关的信息内容

	A	B	C	D	E
1	地域人数统计表				
2	序号	区域	人数		
3	1	上海市	3788		
4	2	山东省	3990		
5	3	北京市	4557		
6	4	山东省	3990		
7	5	广东省	15010		
8	6	浙江省	5503		
9	7	江苏省	5387		
10	8	福建省	3014		
11	9	湖南省	3569		
12	10	河南省	3435		
13	11	湖北省	3178		
14	12	陕西省	2586		
15					
16					

图 6-77 为表格添加所有框线效果

6.3.2 对数据进行重新排序

在微信后台中查看地域的人数，可以选择按人数由高到低的方式，也可以由低到高的方式进行查看，上述创建的地域人数统计表，每个地域的人数比较散乱，不便于微信运营者查看每个地域的人数情况，可以对表格进行降序或者升序操作，使表格中的数据一目了然。具体操作步骤如下。

步骤 01 选择 A2:C14 单元格区域，在"数据"面板的"排序和筛选"选项板中，单击"排序"按钮，如图 6-78 所示。

步骤 02 弹出"排序"对话框；单击"列"右侧的下拉按钮，弹出列表框；选择"人数"选项，如图 6-79 所示。

图 6-78 单击"排序"按钮

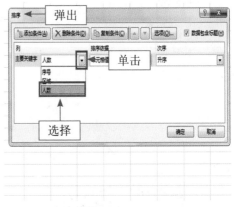

图 6-79 选择"人数"选项

专家提醒

　　用户在"开始"面板的"编辑"选项板中，单击"排序和筛选"按钮，也可以对单元格进行升序和降序操作。

步骤 03 单击"次序"右侧的下拉按钮，弹出列表框；选择"降序"选项，如图 6-80 所示。

步骤 04 单击"确定"按钮，即可对工作表按用户数量由多到少进行排序操作，如图 6-81 所示。

步骤 05 选择 C2:C14 单元格区域，在"开始"面板的"样式"选项板中，单击"条件格式"按钮，如图 6-82 所示。

步骤 06 弹出列表框，在列表框中选择"突出显示单元格规则"选项；选择"小于"选项，如图 6-83 所示。

步骤 07 弹出"小于"对话框；在文本框中输入 3500；设置为"绿填充色深绿色文本"，如图 6-84 所示。

步骤 08 单击"确定"按钮，即可设置条件格式效果，此时在工作表中少于 3500 人的单元格呈绿填充色深绿色文本，如图 6-85 所示。

图 6-80　选择"降序"选项 　　　　　 图 6-81　按人数进行排序操作

图 6-82　单击"条件格式"按钮 　　　　 图 6-83　选择相应选项

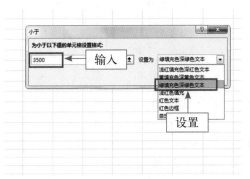

图 6-84　设置为"绿填充色深绿色文本" 　　 图 6-85　设置条件格式效果

专家提醒

　　除了用上述方法将工作表中少于3500人的单元格设置为"绿填充色深绿色文本"效果之外，还可以单击"条件格式"按钮，弹出列表框，在列表框中选择"新建规则"选项，弹出"新建格式规则"对话框，选择"只为包含以下内容的单元格设置格式"选项，单击"介于"右侧的按钮，弹出列表框，选择"小于"选项，在右侧的文本框中输入3500，单击最下方的"格式"按钮，弹出"设置单元格格式"设置相应颜色即可。

步骤 **09** 选择 C3:C14 单元格区域，在"开始"面板的"样式"选项板中，单击"条件格式"按钮，弹出列表框，在列表框中选择"突出显示单元格规则""大于"选项，弹出"大于"对话框；在文本框中输入"5000"；设置为"红色文本"，如图 6-86 所示。

步骤 **10** 单击"确定"按钮，即可设置条件格式效果，此时在工作表中大于 5000 人的单元格呈红色文本，如图 6-87 所示。至此，便可完成地域人数统计表的制作。

图 6-86 设置为"红色文本"　　　　图 6-87 设置条件格式效果

6.3.3 分析地区用户关注度

　　当今的时代是一个信息时代，每个地区的文化不同，由此造成每个地区的用户关注度和需求度也会有所不同，所以运营者在制定推广策略的时候，根据账号的后台数据，统计每个地区的用户数量，总结账号平常发布的一些内容，分析这些内容最受哪几个地区用户的关注，这样就能制定正确的营销方案。

　　其实根据地域分布进行营销的思路主要有以下几点。

　　（1）根据不同地域的消费水平来判断平台用户的购买力。

（2）根据不同地域的人群特点来判断用户的个性与爱好。

（3）根据不同地域的气候，进行具有当地特色的信息推广。

用户的地域分布信息比起性别、语音或其他的信息来说，要透明得多，只要微信运营者分析数据到位，制定合理的营销方案，用户人数上涨是必然的事情。

6.4　年龄阶段分析：量变决定质变

【知识解析】

了解一个账号粉丝群体年龄段分布，是一件很重要的事情，不同年龄层的粉丝感兴趣的事物也不同，需求也不同。我们可以通过统计分析每个年龄层粉丝数量分布情况，制定相关的账号运营方案，可以为未来发布文章的方向提供一个参考，因此了解粉丝年龄段是非常有必要的。

【效果欣赏】

本实例主要介绍"年龄段分布人数表"的制作流程和具体方法，最终效果如图 6-88 所示。

年龄段分布人数	
年龄段	人数
18岁以下	742
18岁到25岁	21813
26岁到35岁	29393
36岁到45岁	14361
46岁到60岁	14223
60岁以上	4034
未知	21

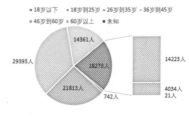

图 6-88　年龄段分布人数

【操作过程】

（1）新建一个"年龄段分布人数"的工作表，并输入相关的内容设置格式。

（2）在工作表中插入复合条饼图，并在饼图上添加数据标签。

（3）在工作表中设置图表的样式以及设置图表的形状填充效果。

6.4.1　创建年龄段分布人数表

年龄段分布人数表，主要包含年龄段划分以及不同年龄段人数数量。不同年龄段人数可以通过后台得出，用 Excel 表格进行数据记录，可以更清楚地对数据进行分析，便于制定更详细的方案。创建表格的步骤如下。

步骤 01 新建一个名为"年龄段分布人数"的工作表，在表中输入相关的信息内容，并设置表格的行高与列宽属性，如图 6-89 所示。

步骤 ⑫ 设置工作表的字体格式、对齐方式属性，并为表格添加所有框线效果，如图 6-90 所示。

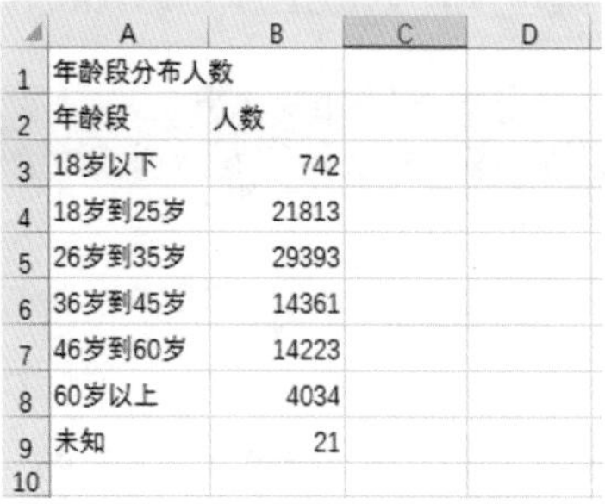

图 6-89　输入相关的信息内容

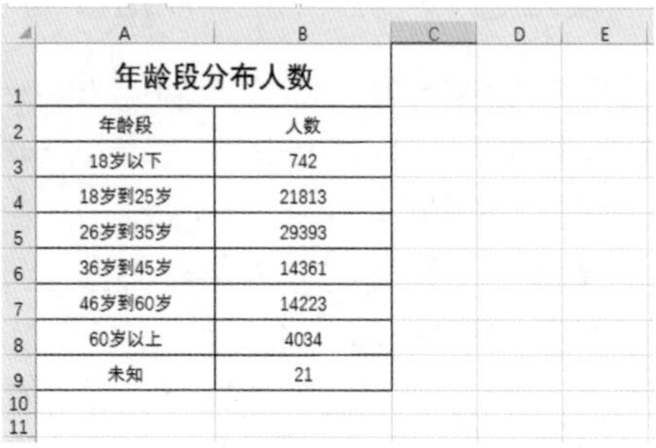

图 6-90　为表格添加所有框线效果

6.4.2　用户增长变化分析

虽然创建了终端使用人数统计表，但如果运营人员单单只看数据表中显示的数据，有时可能会忽略一些重要的信息，为了使表中数据的关系更加清晰，可以用复合条饼图进行数据分析。

步骤 ⑪ 选择A2:B9单元格区域，在"开始"面板的"图表"选项板中，单击"插入饼图或圆环图"按钮，如图 6-91 所示。

步骤 ⑫ 在弹出的列表框中选择"二维饼图"下方的"复合条饼图"选项，如图 6-92 所示。

图 6-91　单击"插入饼图或圆环图"按钮

图 6-92　选择相应选项

步骤 ⑬ 在工作表中插入复合条饼图图表之后，设置修改图框中的图表标题，如图 6-93 所示。

步骤 ⑭ 在饼图图表添加数值，选择饼图，单击鼠标右键，弹出快捷菜单，选择"添加数据标签"选项，即可显示各年龄段分布人数的数值，效果如图 6-94 所示。

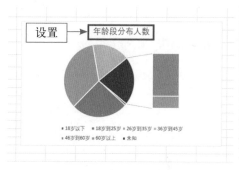

图 6-93　设置图表标题

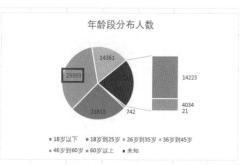

图 6-94　显示各个年龄段分布人数的数值

步骤 05 选择橙色饼图上的数值，单击鼠标左键，使数值文本框呈可编辑状态，在数值后面输入文字"人"，如图 6-95 所示。

步骤 06 即可在数值后面添加文字操作，可选中数值适当调整位置，用与上同样的方法，在其他相应位置添加文字效果，如图 6-96 所示。

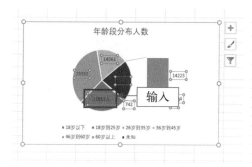

图 6-95　输入文字"人"

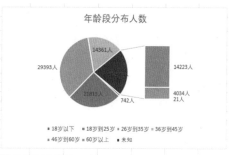

图 6-96　在其他相应位置添加文字效果

专家提醒

在"插入饼图"列表框中，选择"更多饼图"选项，在弹出的对话框中用户可以根据实际需要选择多种不同的饼图样式。

步骤 07 选择图表，在"设计"面板的"图表样式"选项板中，选择"样式 2"图表样式，即可设置饼图图表样式，效果如图 6-97 所示。

步骤 08 选择图表标题，设置字体格式，"字体"设置为"黑体"，"字号"设置为 20，如图 6-98 所示。至此，即可完成年龄段分布人数统计表的制作。

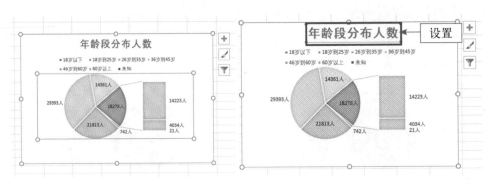

图 6-97　设置饼图图表样式　　　　　　　　图 6-98　设置字体格式

第 7 章

精准把握用户兴趣点

在运营新媒体账号的过程中，要时刻把握用户的兴趣与需求，如果我们不了解用户的兴趣与需求，那么在运营中很容易事倍功半，所以我们以用户的兴趣为切入点，统计运营过程中用户感兴趣的字眼或者文章类型，这样就能获得更高的阅读量、点赞率。

7.1 类型偏好分析

【知识解析】

世界上的人形形色色，每个人都有自己独特的性格，因此每个人的兴趣爱好也不同。在新媒体平台上，不同的用户群体感兴趣和浏览的推送内容也各有不同。

如今是信息时代，信息、高科技与互联网发展迅速，人们的喜好多种多样，运营人员应把握读者对不同类型推送内容的喜好，才能更精准地发布内容，让新媒体的运营更加有成效。

分析用户兴趣偏好，其实就是我们打造爆款、高效运营的核心。如果不精准掌握用户的兴趣爱好，所做的运营推广以及营销活动都没有取得太大的成效。

【效果欣赏】

本实例主要介绍"推送内容类型偏好统计表"的制作流程和具体方法，"推送内容类型偏好统计表"的最终效果，如图 7-1 所示。

推送内容类型偏好统计表

推送内容类型	婚姻情感	影视	明星八卦	今日特卖	数码摄影	体育运动	穿搭	美妆	电子产品	其他
用户数量	4450	6825	8190	4355	21225	6578	6778	7976	5568	4128
用户占比	6%	9%	11%	6%	28%	9%	9%	10%	7%	5%

用户总人数	76073

图 7-1　推送内容类型偏好统计表

【操作过程】

（1）整理新媒体平台的用户推送内容偏好数据。

（2）设置新建工作表的表格属性。

（3）利用函数计算用户偏好推送内容不同类型的占比。

（4）插入图表，并对图表进行样式设置。

7.1.1 创建类型偏好统计表

在对用户的文章类型偏好进行分析前，首先需要对相关方面的数据进行整理，然后才能以图表的形式直观地展现出来，具体操作步骤如下。

步骤01 新建一个名为“推送内容类型偏好统计表”的工作表，在表中输入相关的信息内容，并设置表格的行高与列宽属性，效果如图7-2所示。

	A	B	C	D	E	F	G	H	I	J	K
1	推送内容类型偏好统计表										
2	推送内容类型	婚姻情感	影视	明星八卦	今日特卖	数码摄影	体育运动	穿搭	美妆	电子产品	其他
3	用户数量	4450	6825	8190	4355	21225	6578	6778	7976	5568	4128
4											
5											
6											
7											
8											
9											

图7-2 新建工作表

步骤02 设置工作表的字体格式、对齐方式属性，并为表格添加所有框线效果，如图7-3所示。

推送内容类型偏好统计表										
推送内容类型	婚姻情感	影视	明星八卦	今日特卖	数码摄影	体育运动	穿搭	美妆	电子产品	其他
用户数量	4450	6825	8190	4355	21225	6578	6778	7976	5568	4128

图7-3 为表格添加所有框线效果

7.1.2 计算各类偏好占比

运营者整理好用户的类型偏好数据后，接下来要计算用户偏好内容类型的百分比，以便更直观地显示用户偏好倾向。计算不同类型内容所占百分比具体操作步骤如下。

步骤01 在上面创建的工作表中，选择A6单元格，输入文本“用户总人数”，如图7-4所示。

步骤02 选择B6单元格，单击编辑栏的“插入函数”按钮，如图7-5所示。

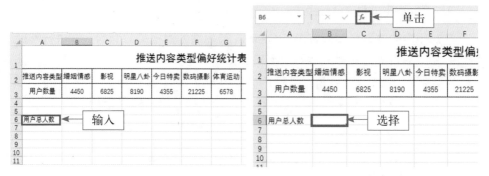

推送内容类型偏好统计表
推送内容类型 婚姻情感 影视 明星八卦 今日特卖 数码摄影 体育运动
用户数量 4450 6825 8190 4355 21225 6578
用户总人数
输入

图 7-4　输入表格内容

B6
单击
推送内容类型偏
推送内容类型 婚姻情感 影视 明星八卦 今日特卖 数码摄影
用户数量 4450 6825 8190 4355 21225
用户总人数
选择

图 7-5　单击“插入函数”按钮

步骤 03 在弹出的“插入函数”对话框中选择 SUM 选项，单击“确定”按钮，弹出“函数参数”对话框；在工作表中选择需要引用的位置，如图 7-6 所示。

=SUM(B3:K3)
推送内容类型偏好统计表
推送内容类型 婚姻情感 影视 明星八卦 今日特卖 数码摄影 体育运动 穿搭 美妆 电子产品 其他
用户数量 4450 6825 8190 4355 21225 6578 6778 7976 5568 4128
用户总人数
选择
函数参数
Number1 B3:K3
弹出

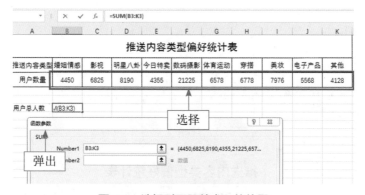

图 7-6　选择引用函数求和的位置

步骤 04 按 Enter 键进行确认，返回“函数参数”对话框中，单击“确定”按钮，即可得出 B6 单元格的数据结果，统计用户总人数，如图 7-7 所示。

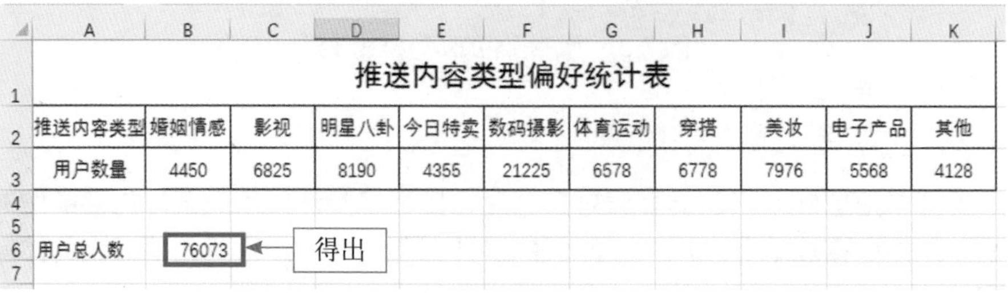

推送内容类型偏好统计表
推送内容类型 婚姻情感 影视 明星八卦 今日特卖 数码摄影 体育运动 穿搭 美妆 电子产品 其他
用户数量 4450 6825 8190 4355 21225 6578 6778 7976 5568 4128
用户总人数 76073
得出

图 7-7　统计用户总人数

步骤 05 选择 A4 单元格，输入文本“用户占比”，并设置相应的行高、对齐方式属性，以及添加框线效果，如图 7-8 所示。

推送内容类型偏好统计表										
推送内容类型	婚姻情感	影视	明星八卦	今日特卖	数码摄影	体育运动	穿搭	美妆	电子产品	其他
用户数量	4450	6825	8190	4355	21225	6578	6778	7976	5568	4128
用户占比	← 输入									
用户总人数	76073									

图 7-8　输入文本"用户占比",添加框线效果

步骤 ⑥ 选择 B4 单元格,在单元格中输入公式,如图 7-9 所示。

步骤 ⑦ 按 Enter 键确认,得出 B4 单元格的结果,得出婚姻情感类的用户人数占比,如图 7-10 所示。

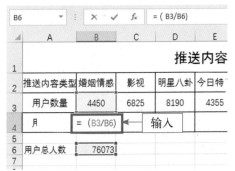

图 7-9　输入公式

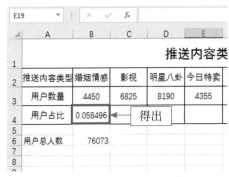

图 7-10　婚姻情感类的用户人数占比

步骤 ⑧ 将光标移至 B4 单元格右下角,当光标变成 **✚** 形状时,单击鼠标左键并向右拖曳至 K4 单元格,即可统计出其他推送内容类型的用户占比,如图 7-11 所示。

推送内容类型偏好统计表										
推送内容类型	婚姻情感	影视	明星八卦	今日特卖	数码摄影	体育运动	穿搭	美妆	电子产品	其他
用户数量	4450	6825	8190	4355	21225	6578	6778	7976	5568	4128
用户占比	0.058496	0.089716	0.10766	0.057248	0.279008	0.08647	0.089099	0.104847	0.073193	0.054264
用户总人数	76073									

图 7-11　其他文章类型的用户占比

步骤 ⑨ 选择 B4:K4 单元格区域,单击鼠标右键,选择"设置单元格格式"

选项，弹出"设置单元格格式"对话框，在"数字"面板的"分类"选项区中，选择"百分比"选项，设置小数位数为0，即可设置百分比格式，效果如图 7-12 所示。

	推送内容类型	婚姻情感	影视	明星八卦	今日特卖	数码摄影	体育运动	穿搭	美妆	电子产品	其他
推送内容类型偏好统计表											
用户数量	4450	6825	8190	4355	21225	6578	6778	7976	5568	4128
用户占比	6%	9%	11%	6%	28%	9%	9%	10%	7%	5%
用户总人数	76073										

图 7-12　设置百分比格式

7.1.3　设计图表分析占比数据

对于用户偏好的内容类型数据，如果只看一些数字，会让运营者觉得数据对比不明显，我们可以使用 Excel 的图表来对数据做一个更清晰的分析，借助图表的格式更直观地表现出来，下面为大家演示具体操作步骤。

步骤01　按住 Ctrl 键的同时选择 A2:K2、A4:K4 单元格区域，在"插入"面板的"图表"选项板中，单击"插入柱形图或条形图"按钮，选择"簇状条形图"选项，即可插入条形图，如图 7-13 所示。

步骤02　选择图表标题，修改图表标题为"推送内容偏好类型用户人数占比"，再选择图表，在"设计"面板的"图表样式"选项板中，选择"样式3"选项，即可设置图表样式，效果如图 7-14 所示。

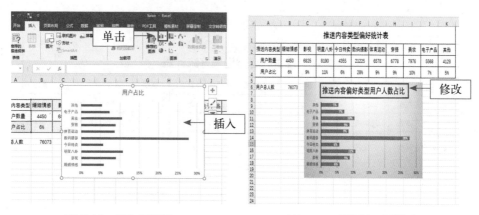

图 7-13　插入条形图　　　　　　　**图 7-14　设置柱形图样式**

7.2 热度关键词分析

【知识解析】

在当今社会，人们的兴趣爱好越来越广泛，所关注的兴趣点也不同，现如今是互联网时代，哪里都离不开网络。如今新媒体发展迅速，不论是年轻人还是中老年人都会利用手机浏览文章、刷短视频或做其他的事情，用户在网上冲浪时会搜索自己感兴趣的内容关键词，运营者可以通过平台的后台数据对一些比较热门的搜索关键词进行统计，了解用户感兴趣的内容。

【效果欣赏】

本实例主要介绍"热度关键词统计表"的制作流程和具体方法，热度关键词统计表的最终效果，如图7-15所示。

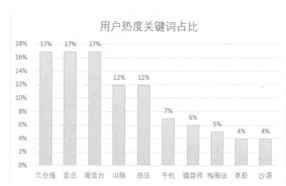

图7-15　热度关键词统计表

【操作过程】

（1）通过Excel的填充功能，设置工作表的序列填充操作。

（2）对工作表的相关单元格区域进行填充颜色的操作。

（3）运用Excel的SUM函数，计算用户偏好关键词的占比。

（4）在工作表中，插入柱形图表，并对图表进行更改颜色等操作。

7.2.1 创建热度关键词统计表

热度关键词统计表最重要的作用，就是对关键词进行统计，根据统计的结果分析绝大部分用户的兴趣爱好，热度关键词统计表主要包含偏好关键词、用户人数、用户偏好关键词占比等内容。下面我们就一起来创建一个表格。

步骤 01　新建一个名为"热度关键词统计表"的工作表，在工作表中输入相关的信息内容，并设置工作表的行高与列宽属性，如图7-16所示。

步骤 02　设置工作表的字体格式、对齐方式等属性，并为表格添加所有框线效果，如图 7-17 所示。

图 7-16　输入相关的信息内容　　　　图 7-17　添加所有框线效果

步骤03 在 A3 单元格中输入数值"1"；选择需要填充数据的单元格区域，如图 7-18 所示。

步骤04 在"开始"面板的"编辑"选项板中；单击"填充"按钮，弹出列表框；选择"序列"选项，如图 7-19 所示。

图 7-18　选择需要填充数据的单元格区域　　　图 7-19　选择"序列"选项

专家提醒

　　除了以上方法填充序列，还可以在 A3 单元格中输入数值"1"，将光标移至 A3 单元格右下角，按住 Ctrl 键的同时向下拖曳至 A12 单元格，即可填充相应的序列效果。

步骤05 弹出"序列"对话框；在"序列产生在"选项区中选中"列"单选按钮；设置"类型"为"等差序列"；在"步长值"右侧的数值框中输入"1"，如

图 7-20 所示。

> 步骤 ⑥　单击"确定"按钮，即可自动填充数据，效果如图 7-21 所示。

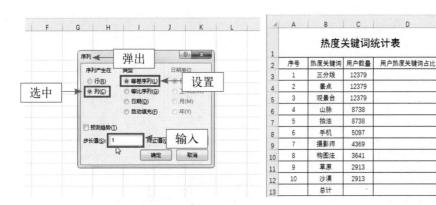

图 7-20　设置相应选项　　　　　图 7-21　自动填充数据

> 步骤 ⑦　选择 A2:D13 单元格区域，在"开始"面板的"字体"选项板中，单击"填充颜色"按钮，如图 7-22 所示。

> 步骤 ⑧　弹出颜色面板，选择"主题颜色"下的"金色，个性色 4，淡色 60%"色块，如图 7-23 所示。

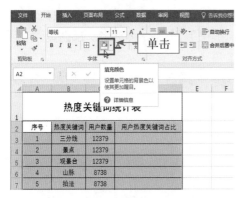　

图 7-22　单击"填充颜色"按钮　　　图 7-23　选择相应色块

专家提醒

　　设置单元格的填充颜色效果，还可以选择 A1:D13 单元格区域，弹出"设置单元格格式"对话框，在"填充"选项卡中设置相应颜色色块，单击"确定"按钮，也可以设置单元格的填充颜色效果。

步骤 ⑨ 操作完成即可设置单元格的填充颜色效果，选择 C13 单元格，在单元格中输入公式 =SUM（C3:C12），如图 7-24 所示。

步骤 ⑩ 按 Enter 键确认，即可得出 C13 单元格的数据结果，统计用户总人数，效果如图 7-25 所示。

序号	热度关键词	用户数量	用户热度关键词占比
	热度关键词统计表		
1	三分线	12379	
2	景点	12379	
3	观景台	12379	
4	山脉	8738	
5	拍法	8738	
6	手机	5097	
7	摄影师	4369	
8	构图法	3641	
9	草原	2913	
10	沙漠	2913	
	=SUM(C3:C12)	← 输入	

图 7-24　在单元格中输入公式

序号	热度关键词	用户数量	用户热度关键词占比
	热度关键词统计表		
1	三分线	12379	
2	景点	12379	
3	观景台	12379	
4	山脉	8738	
5	拍法	8738	
6	手机	5097	
7	摄影师	4369	
8	构图法	3641	
9	草原	2913	
10	沙漠	2913	
	总计	73546 ← 得出	

图 7-25　统计用户总人数

7.2.2　分析关键词占比

运营者可以通过计算热度关键词的用户占比情况，分析大部分用户最喜欢看到的一些字眼，根据用户喜欢的字眼，判断用户对哪种类型的内容感兴趣，这样运营者在制定相应的推广方案时，可以将用户占比作为一个参考。那么运营者到底该如何分析关键词的占比呢？

计算用户偏好关键词的公式：用户偏好关键词占比 = 各类关键词用户数 / 用户总人数 × 100%。

步骤 ① 选择表格 D3 单元格，在单元格中输入占比公式 =SUM（C3/C13），如图 7-26 所示。

步骤 ② 按 Enter 键确认，即可得出 D3 单元格的数据结果，统计"三分线"关键词的用户占比情况，如图 7-27 所示。

步骤 ③ 选择 D3 单元格，将鼠标指针移至 D3 单元格右下角，当光标呈十形状时，单击鼠标左键并向下拖曳至 D12 单元格，统计其他单元格的数据结果，即可得出其他关键词的用户占比情况，如图 7-28 所示。

步骤 ④ 选择 C3:D13 单元格区域；设置"字体"为"Times New Roman"，设置字体格式，如图 7-29 所示。

步骤 ⑤ 选择 D3:D12 单元格区域，打开"设置单元格格式"对话框，在"数字"选项卡下，设置"分类"为"百分比"；"小数位数"为"0"，如图 7-30 所示。

步骤 ⑥ 单击"确定"按钮，即完成百分比格式设置，效果如图 7-31

所示。

图 7-26　在单元格中输入公式

图 7-27　统计用户关键词占比情况

图 7-28　其他关键词的用户占比情况

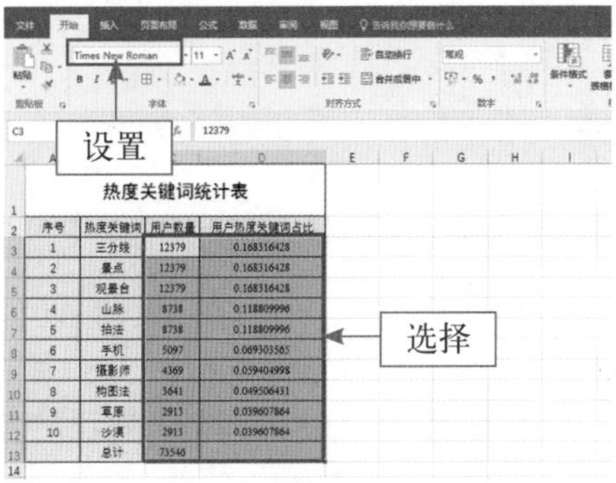

图 7-29　设置字体格式

图 7-30　设置百分比格式

图 7-31　设置百分比格式

7.2.3　插入柱形图表分析数据

在 Excel 的图表类型中，其中簇状柱形图可以很直观地显示各数据之间的比例差距，便于运营人员分析数据，具体的操作步骤如下所示。

步骤① 按住Ctrl键的同时，选择B2:B12与D2:D12单元格区域，在"插入"面板的"图表"选项板中，单击"插入柱形图或条形图"按钮，弹出对话框，选择"簇状柱形图"选项，如图7-32所示。

步骤② 即可在工作表中插入图表，选择图表，在"设计"面板的"图表样式"选项板中，选择"样式6"选项，即可设置图表样式，如图7-33所示。

图7-32　选择"簇状柱形图"选项　　　　图7-33　设置图表样式

步骤③ 选择图表，在"设计"面板的"图表样式"选项板中，单击"更改颜色"按钮，如图7-34所示。

步骤④ 弹出下拉列表，选择"单色调色板4"选项，如图7-35所示。

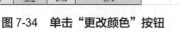

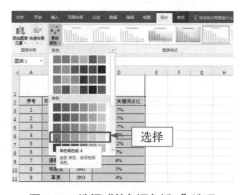

图7-34　单击"更改颜色"按钮　　　　图7-35　选择"单色调色板4"选项

步骤⑤ 更换图表的颜色效果后，选择图表中的柱形图，单击鼠标右键，弹出快捷菜单，选择"添加数据标签"选项，即可在柱形条上显示各个数值，最终效果如图7-36所示。至此，完成用户热度关键词占比统计表的制作。

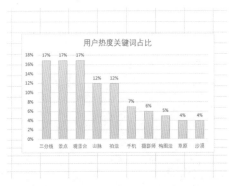

图 7-36　更换图表的颜色效果，柱形条上显示各个数值

7.2.4　分析关键词的作用

　　从图 7-36 的用户热度关键词占比数据可以发现，"三分线""景点""观景台"这几个关键词在所有的关键词中用户搜索占比较高，可见现在人们对于旅游方面比较感兴趣，关注点较高，所以运营者在平台发布内容时，可以适当穿插一些关于旅游或者包含这些关键词的内容吸引用户。

　　另外，用户数占比较高的是"山脉""拍法"这两个关键词。根据现有情况分析，随着社会经济的发展，人们的生活条件越来越好，生活质量也不断提高，不论是明星还是普通老百姓，不论男女老少，对摄影感兴趣的人也越来越多，所以有很大一部分用户对这一类的内容比较关注，运营者日后在新媒体平台上发布文章或者短视频的时候都可以多发一些与旅游、摄影有关的内容。

第 8 章

分析市场与选择行业

　　做生意最讲究的就是把握市场的行情，了解未来的趋势，当今社会电商平台数不胜数，要想在某一平台上崭露头角，必须掌握目前市场上的行情，摸清方向才能所向披靡，商场如战场，只有一切准备充分，才能获得硕果。本章和大家一起探讨如何分析市场，选择行业。

8.1 行业市场容量分析

【知识解析】

电商是一门高深的学问，在触及这个行业时，首先要做的便是对这个行业的理解，其次要分析这个市场，了解一个市场远远比自己先动手做要重要得多。为什么做成功的电商都需要经过时间的考验，因为电商发展迅速，改革也快，稍有不慎便会被竞争对手超越，所以了解一个市场的容量至关重要。

下面通过某平台的行业容量分析数据，根据 2021 年 1 月、2 月部分商品的成交量、销售额指数与高质商品数的数据，对服装业的市场行情进行统计分析。

【效果欣赏】

本实例主要介绍"行业市场容量数据表"的制作流程和具体方法，行业市场容量数据表的最终效果，如图 8-1 所示。

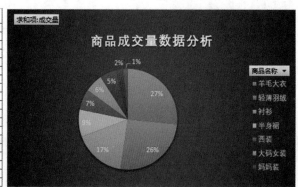

时间	商品名称	成交量	销售额指数	高质商品数
2021年1月	羊毛大衣	4236341	157823	98512
2021年1月	轻薄羽绒	5133113	163694	61232
2021年1月	羊绒衫	461336	12536	9812
2021年1月	面包服	108322	1503	998
2021年1月	大码女装	1101421	10656	8212
2021年1月	衬衫	857925	57563	33200
2021年1月	妈妈装	123546	7410	5211
2021年1月	西装	112452	6230	5236
2021年1月	半身裙	624992	9883	7662
2021年2月	羊毛大衣	1112123	110023	89542
2021年2月	轻薄羽绒	72653	1025	8123
2021年2月	羊绒衫	10212	883	533
2021年2月	面包服	189547	20123	12311
2021年2月	大码女装	95623	1232	895
2021年2月	衬衫	2551566	123523	9256
2021年2月	妈妈装	985115	66541	18356
2021年2月	西装	1223142	32321	15230
2021年2月	半身裙	1125633	9985	7164

图 8-1 行业市场容量数据表

【操作过程】

（1）创建一个空白的工作表文件，输入相关的数据，设置行高与列宽属性。

（2）设置工作表的字体格式、对齐方式属性，并添加所有的框线效果。

（3）通过工作表创建数据透视表，并在数据透视表进行降序排序操作。

（4）在数据透视表中添加数据透视图，并设置图表的样式以及形状填充效果。

8.1.1 创建表格分析数据

以某一平台 2021 年 1 月、2 月行业分析数据为例，主要采集商品名称、成交量、销售额指数、高质商品数等信息数据。通过这些数据可以使商家清楚地认知什么行业目前火热、什么行业好做，具体的操作步骤如下。

步骤 01 新建一个名为"行业市场容量数据表"的工作表，在表中输入相关的信息内容，并设置表格的行高与列宽属性，如图 8-2 所示。

步骤 02 设置工作表的字体格式、对齐方式属性，并为表格添加所有框线效果，如图 8-3 所示。

行业市场容量数据表				
时间	商品名称	成交量	销售额指数	高质商品数
2021年1月	羊毛大衣	4236341	157823	98512
2021年1月	轻薄羽绒	5133113	163694	61232
2021年1月	羊绒衫	461336	12536	9812
2021年1月	面包服	108322	1503	998
2021年1月	大码女装	1101421	10656	8212
2021年1月	衬衫	857925	57563	33200
2021年1月	妈妈装	123546	7410	5211
2021年1月	西装	112452	6230	5236
2021年1月	半身裙	624992	9883	7662
2021年2月	羊毛大衣	1112123	110023	89542
2021年2月	轻薄羽绒	72653	1025	8123
2021年2月	羊绒衫	10212	883	533
2021年2月	面包服	189547	20123	12311
2021年2月	大码女装	95623	1232	895
2021年2月	衬衫	2551566	123523	9256
2021年2月	妈妈装	985115	66541	18356
2021年2月	西装	1223142	32321	15230
2021年2月	半身裙	1125633	9985	7164

图 8-2　输入相关的信息内容　　　　图 8-3　为表格添加所有框线效果

8.1.2　创建数据透视表

前文表格统计了 2021 年 1 月、2 月部分商品的成交量、销售额指数、高质商品数的数据信息，从表中可以看出每种商品各项数量各不相同。如果想使数据看上去更加清晰明了，可以通过 Excel 的排序功能对成交量进行排序，使用户对成交量最大的商品一目了然，下面为大家演示具体操作步骤。

步骤 01 选择 A2:E20 单元格区域，在"插入"面板的"表格"选项板中，单击"数据透视表"按钮，如图 8-4 所示。

步骤 02 弹出"创建数据透视表"对话框；在对话框中选中"新工作表"单选按钮，如图 8-5 所示。

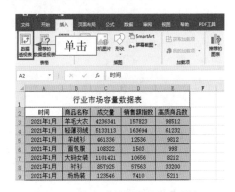

图 8-4　单击"数据透视表"按钮

图 8-5　选中"新工作表"单选按钮

步骤 ③ 单击"确定"按钮，此时工作表中将自动生成一个新工作表，选择创建的空白数据透视表，在界面右侧会弹出"数据透视表字段"面板；在其中依次选中"商品名称""成交量"复选框，如图8-6所示。

步骤 ④ 此时在界面左侧的数据透视表中将显示商品名称与成交量的数据，如图8-7所示。

图8-6　选中相应复选框　　　　　图8-7　显示商品名称与成交量的数据

 专家提醒

　　除了以上方法创建数据透视表，还可以在"插入"面板的"图表"选项板中，单击"数据透视图"按钮，弹出列表框后，选择"数据透视图和数据透视表"选项，弹出"创建数据透视表"对话框，设置相应内容，单击"确定"按钮，即可创建数据透视表。

步骤 ⑤ 在数据透视表中，单击A3单元格右侧的下拉按钮，如图8-8所示。

步骤 ⑥ 弹出列表框，选择"其他排序选项"选项，如图8-9所示。

步骤 ⑦ 弹出"排序（商品名称）"对话框；选中"降序排序（Z到A）依据"单选按钮，如图8-10所示。

步骤 ⑧ 在"排序（商品名称）"对话框中，单击"降序排序（Z到A）依据"下方右侧的下拉按钮，如图8-11所示。

步骤 ⑨ 弹出列表框，选择"求和项：成交量"选项，如图8-12所示。

步骤 ⑩ 单击"确定"按钮，即可对数据透视表的"求和项：成交量"数据进行降序排序操作，效果如图8-13所示。

图 8-8 单击下拉按钮

图 8-9 选择"其他排序选项"选项

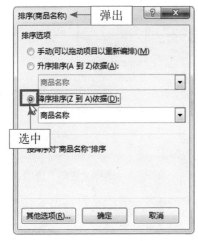

图 8-10 选中相应单选按钮

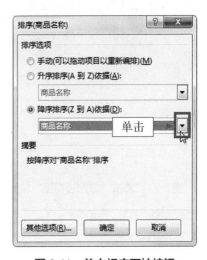

图 8-11 单击相应下拉按钮

图 8-12 选择"求和项：成交量"选项

图 8-13 进行降序排序操作

8.1.3 插入饼状图

通过对各商品的成交量进行排序操作，可以使商品成交量看上去一目了然。要让商家能用图表更清楚地看到各项商品的成交量占比情况，可以通过图表的形式显示各个商品成交量的占比情况，具体操作步骤如下。

步骤 01 在数据透视表中选择 A3 单元格，在"分析"面板的"工具"选项板中，单击"数据透视图"按钮，如图 8-14 所示。

步骤 02 弹出"插入图表"对话框；在"所有图表"选项卡中选择"饼图"选项，如图 8-15 所示。

图 8-14　单击"数据透视图"按钮　　　　图 8-15　选择"饼图"选项

步骤 03 单击"确定"按钮，即可在工作表中插入饼图，效果如图 8-16 所示。

步骤 04 在图表中选择"汇总"文本框，将"汇总"修改为"商品成交量数据分析"，如图 8-17 所示。

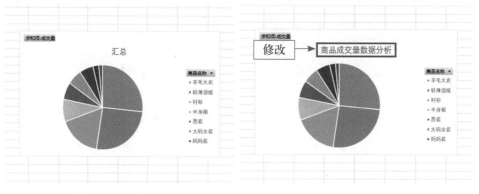

图 8-16　在工作表中插入饼图　　　　　　图 8-17　修改图表标题

步骤 05 选择图表，在"设计"面板的"图表"选项板中，选择"样式 7"选项，即可设置图表样式，效果如图 8-18 所示。

步骤 06 选择图表中的饼图，单击鼠标右键，弹出快捷菜单，选择"添加数据标签"选项，即可在图表中添加数据标签，如图 8-19 所示。

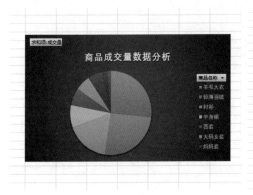

图 8-18　设置图表样式图　　　　图 8-19　选择"添加数据标签"选项

步骤 07 继续选择饼图，单击鼠标右键，弹出快捷菜单，选择"设置数据标签格式"选项，如图 8-20 所示。

步骤 08 弹出"设置数据标签格式"面板，在展开的"标签选项"下，选中"百分比"复选框；取消选中"值"复选框，如图 8-21 所示。

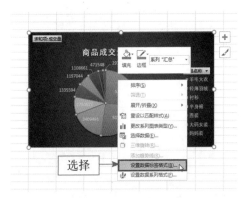

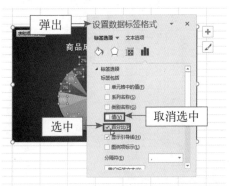

图 8-20　选择"设置数据标签格式"选项　　　图 8-21　取消选中"值"复选框

步骤 09 关闭"设置数据标签格式"面板便完成了数据标签格式设置。

专家提醒

　　除了以上方法在图表中添加数据标签，还可以通过选择图表，单击图表右上角的"图表元素"按钮，弹出列表框，选择"数据标签"选项，即可在图表中添加数据标签。

8.2　市场商品搜索分析

【知识解析】

　　对各个商品进行数据分析的时候，可以通过商品的热度情况来进行对比分析，一般能体现热度的指标有成交量、搜索量等。某一种商品被人们所搜索，说明人们对这种商品有兴趣，爱好与兴趣往往是构成交易成功的指路灯，所以分析市场商品的人气搜索量，了解在市场上人们最喜欢的东西，也便于商家针对市场情况进行货品调整。

【效果欣赏】

　　本实例主要介绍"市场商品搜索趋势表"的制作流程和具体方法，市场商品搜索趋势表的最终效果，如图8-22所示。

图8-22　商品搜索趋势表

【操作过程】

　　（1）创建一个名为"市场商品搜索趋势"的工作表，输入相关的信息数据。

　　（2）设置工作表的对齐方式、字体格式等属性，并添加相应的框线效果。

　　（3）在工作表中插入折线图，并在图表中添加趋势线，并设置相应的格式。

（4）在工作表中设置图表的样式，并调整图表的大小。

8.2.1　创建商品搜索趋势表

下面以某平台 2021 年 4 月的"衬衫"搜索情况为例，创建商品搜索趋势表，其中包括宝贝、时间、商品搜索量等内容，这是分析数据的第一步。创建表格具体步骤如下。

步骤 01　新建一个名为"市场商品搜索趋势"的工作表，在工作表中输入相关的信息内容，如图 8-23 所示。

步骤 02　设置工作表的字体格式、对齐方式属性，设置行高与列宽属性，并为表格添加所有框线效果，如图 8-24 所示。

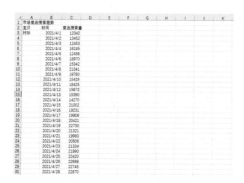

图 8-23　输入相关的信息内容

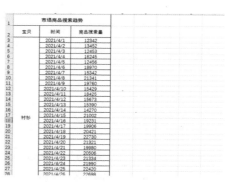

图 8-24　设置表格格式，添加框线

步骤 03　选择 A3 单元格区域，在"开始"面板的"对齐方式"选项板中，单击"方向"按钮，如图 8-25 所示。

步骤 04　弹出列表框，选择"竖排文字"选项，如图 8-26 所示。

图 8-25　单击"方向"按钮

图 8-26　选择"竖排文字"选项

步骤 05 即 A3 单元格文字对齐方式便设置为竖排，如图 8-27 所示。

	市场商品搜索趋势	
宝贝	时间	商品搜索量
	2021/4/1	12342
	2021/4/2	13452
	2021/4/3	12453
	2021/4/4	16245
	2021/4/5	12456
	2021/4/6	18970
	2021/4/7	15342
	2021/4/8	21341
	2021/4/9	19760
	2021/4/10	15429
	2021/4/11	18425
	2021/4/12	15673
	2021/4/13	15390
	2021/4/14	14270
衬衫	2021/4/15	21002
	2021/4/16	19231
	2021/4/17	19906
	2021/4/18	20421
	2021/4/19	22730
	2021/4/20	21321
	2021/4/21	19980
	2021/4/22	20506
	2021/4/23	21334

图 8-27　文字对齐方式设置为竖排

8.2.2　折线图分析市场商品趋势

在工作表中可以通过插入折线图显示一个月的趋势走向情况。折线图可以清楚地展示商品搜索的趋势，插入折线图的方法如下。

步骤 01 选择 A2:C32 单元格区域，在"插入"面板的"图表"选项板中，单击"插入折线图或面积图"按钮，如图 8-28 所示。

步骤 02 弹出列表框，选择"二维折线图"下方的"折线图"选项，如图 8-29 所示。

图 8-28　单击"插入折线图或面积图"按钮　　　　图 8-29　选择相应选项

步骤 03 在工作表中插入折线图后，选择"商品搜索量"文本框，将"商品搜索量"修改为"商品搜索趋势分析"，即可设置图表标题，如图 8-30 所示。

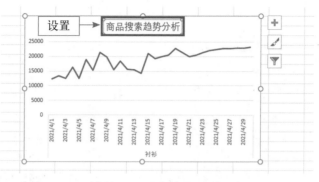

图 8-30　设置图表标题

8.2.3　设置趋势线展现搜索走向

商家在对市场商品进行调研的时候，商品人气搜索量是很重要的一项数据，它可以直观地告诉商家什么商品受买家喜欢。除了将商品搜索数据通过折线图展示之外，我们还可以在图表中插入一条趋势线，用趋势线可以直接地反映商品搜索的趋势是上涨还是下降，便于商家查看数据，下面我们就在折线图中插入趋势线。

步骤 01　选择图表，在"设计"面板的"图表"选项板中，选择"样式 11"选项，即可设置图表样式，如图 8-31 所示。

步骤 02　在图表中选择蓝色折线，单击鼠标右键，弹出快捷菜单，选择"添加趋势线"选项，如图 8-32 所示。

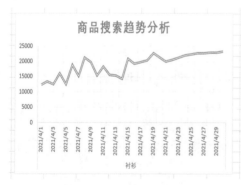

图 8-31　设置图表样式

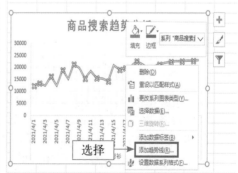

图 8-32　选择"添加趋势线"选项

步骤 03　弹出"设置趋势线格式"面板，切换至"填充与线条"选项区，单击"颜色"右侧的"轮廓颜色"按钮，如图 8-33 所示。

步骤 04　弹出颜色面板；在"标准色"选项栏中选择"橙色，个性色 2"色块，如图 8-34 所示。

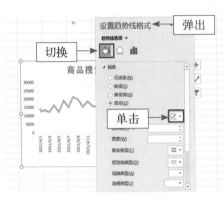

图 8-33　单击相应按钮　　　　图 8-34　选择"橙色，个性色 2"色块

步骤 05　更改趋势线颜色后，在"设置趋势线格式"面板中，单击"结尾箭头类型"右侧的下拉按钮，如图 8-35 所示。

步骤 06　在列表框中选择"箭头"选项，如图 8-36 所示。

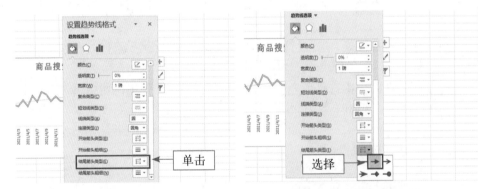

图 8-35　单击相应的下拉按钮　　　图 8-36　选择"箭头"选项

步骤 07　设置趋势线箭头末端的类型，关闭"设置趋势线格式"面板，图表趋势线的格式设置即完成。选择图表，将光标移至图表右下角，光标呈 ⬚ 形状时，单击鼠标左键并拖曳至适当位置，即可调整图表的大小，效果如图 8-37 所示。至此，完成市场商品搜索趋势表的制作。

专家提醒

除了以上添加趋势线的方法，还可以选择图表，单击图表右上角的"图表元素"按钮 +，弹出列表框，选中"趋势线"复选框，弹出"添加趋势线"对话框，选择相应选项，即可添加趋势线。

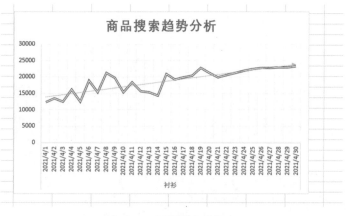

图 8-37　调整图表的大小

第 9 章

打造爆款的电商优品

随着时代的发展，电商行业如同猛虎般给所有企业重重一击，很多传统的企业现在都慢慢与电商行业相结合，线上线下营销做得风生水起。每个企业在运营过程中都会打造一些爆款产品进行推广。那么如何打造一款爆款产品，让每月营销额越来越多？这就需要通过一些数据进行分析，制订相应的营销方案。

9.1 爆款产品属性分析

【知识解析】

商家售卖的商品肯定不止一种。世界上形形色色的人那么多，每个人的喜好都不同，例如女性连衣裙，有人穿小码，有人必须穿大码，所以最关键的是分析商品的属性，每一样不同属性的商品都会有各自不一样的卖点。

我们要做的就是通过数据分析找出大多数人喜好，下面参考某行情数据分析网站的数据信息，分析爆款产品属性的数据。

【效果欣赏】

本实例主要介绍"爆款产品属性分析表"的制作流程和具体方法，爆款产品属性分析表的最终效果，如图 9-1 所示。

爆款产品属性分析表					
爆款产品	时间	产品尺码	产品成交量	产品销售额	产品高质商品数
	2021/5/1	XS	1355981	43223	23654
	2021/5/2	S	1546223	60169	40351
	2021/5/3	XS	442123	11123	74523
	2021/5/4	M	65231	1013	865
	2021/5/5	L	98562	3256	1235
	2021/5/6	XL	3056105	112562	56546
	2021/5/7	S	1012546	41253	4003
连衣裙	2021/5/8	M	121658	8956	6331
	2021/5/9	M	221232	9985	8002
	2021/5/10	L	395821	11256	10023
	2021/5/11	S	78695	1100	652
	2021/5/12	S	45212	896	625
	2021/5/13	XL	3452621	212521	112563
	2021/5/14	XXL	789542	44562	23652
	2021/5/15	XS	869856	65232	14525

图 9-1 爆款产品属性分析表

【操作过程】

（1）创建一个名为"爆款产品属性分析表"的工作表，输入相关的信息内容。

（2）设置工作表的单元格样式、字体格式等属性，并添加相应的框线效果。

（3）创建数据透视表，插入饼图，分析属性成交量的汇总情况。

（4）创建数据透视表，插入柱形图，分析属性销售额的汇总情况。

9.1.1 创建爆款产品属性分析表

根据买家的数据创建爆款产品属性分析表，其中主要包含爆款产品、时间、产品尺码、产品成交量、产品销售额和产品高质商品数等内容，根据这些数据分析爆款产品的类型，具体操作步骤如下。

步骤 01 新建一个名为"爆款产品属性分析表"的工作表，在工作表中输入相关的信息内容，并设置行高与列宽属性，效果如图 9-2 所示。

步骤 02 选择 A1:F1 单元格区域，在"开始"面板的"字体"选项板中，单击"填充颜色"按钮；在"主题颜色"中，选择"橙色，个性色 2，淡色 80%"色块，如图 9-3 所示。

	爆款产品属性分析表					
1						
2	爆款产品	时间	产品尺码	产品成交量	产品销售额	产品高质商品数
3	连衣裙	2021/5/1	XS	1355981	43223	23654
4		2021/5/2	S	1546223	60169	40351
5		2021/5/3	XS	442123	11123	74523
6		2021/5/4	M	65231	1013	865
7		2021/5/5	L	98562	3256	1235
8		2021/5/6	XL	3056105	112562	56546
9		2021/5/7	S	1012546	41253	4003
10		2021/5/8	M	121658	8956	6331
11		2021/5/9	M	221232	9985	8002
12		2021/5/10	L	395821	11256	10023
13		2021/5/11	S	78695	1100	652
14		2021/5/12	S	45212	896	625
15		2021/5/13	XL	3452621	212521	112563
16		2021/5/14	XXL	789542	44562	23652
17		2021/5/15	XS	869856	65232	14525
18						

图 9-2 输入相关的信息内容

图 9-3 选择相应色块

步骤 03 选择 A2:F17 单元格区域，在"开始"面板的"样式"选项板中，单击"单元格样式"按钮，如图 9-4 所示。

步骤 04 弹出列表框，选择"输出"选项，如图 9-5 所示。

图 9-4 单击"单元格样式"按钮　　　图 9-5 选择"输出"选项

步骤 05 按前文的方法在"开始"面板设置单元格样式，设置工作表的对齐方式、字体格式等属性，并为表格添加所有框线效果。

9.1.2 创建成交量透视表

前面我们创建了爆款产品属性分析表，但对于商家而言，首先要查看的是产品尺码与对应的产品成交量，为此我们可以在工作表中通过 Excel 的数据透视表，创建产品成交量透视表，分析产品成交量的数据情况，下面为大家演示具体操作步骤。

步骤 (01) 在工作表中选择 A2:F17 单元格区域，在"插入"面板的"表格"选项板中，单击"数据透视表"按钮，弹出"创建数据透视表"对话框；在对话框中选中"新工作表"单选按钮，如图 9-6 所示。

步骤 (02) 单击"确定"按钮，此时工作表中将自动生成一个新工作表，将新工作表重命名，选择创建的空白数据透视表，在界面右侧会弹出"数据透视表字段"面板；在其中依次选中"产品尺码""产品成交量"复选框，如图 9-7 所示。

图 9-6 选中"新工作表"单选按钮

图 9-7 选中相应复选框

步骤 (03) 此时界面左侧的数据透视表中将显示产品尺码与产品成交量的数据，在"数据透视表字段"面板的"值"列表框中，单击"计数项：产品尺码"右侧的下拉按钮，弹出列表框；选择"移动到行标签"选项，如图 9-8 所示。

步骤 (04) 单击"数据透视表字段"面板右上角的"关闭"按钮，关闭"数据透视表字段"面板，即可更改数据透视表的显示形式，效果如图 9-9 所示。

图 9-8 选择"移动到行标签"选项

图 9-9 更改数据透视表的显示形式

步骤 05 选择 B3 单元格，在"分析"面板"工具"选项板中，选择单击"数据透视图"按钮，弹出"插入图表"对话框，选择"簇状柱形图"选项，如图 9-10 所示。

步骤 06 单击"确定"按钮，便可在表中插入簇状柱形图，效果如图 9-11 所示。

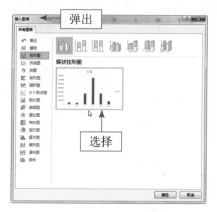

图 9-10 选择"簇状柱形图"选项　　　　图 9-11 插入簇状柱形图

步骤 07 在图表中选择"汇总"文本框，修改为"连衣裙成交量数据汇总"，即可设置图表标题；选择柱形图，单击鼠标右键，弹出快捷菜单，选择"添加数据标签"选项，即可在柱形图中添加数据标签，如图 9-12 所示。

步骤 08 选择图表，在"设计"面板的"图表"选项板中，选择"样式 7"选项，即可设置图表样式，效果如图 9-13 所示。

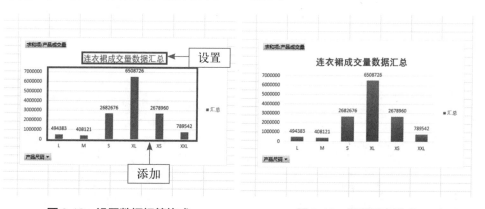

图 9-12 设置数据标签格式　　　　图 9-13 设置图表样式

9.1.3 创建商品销售额透视表

上面完成了分析爆款产品属性的第一步，接下来我们要进行第二步——分析产品的销售额。根据每一天产品属性的销售额了解产品卖得好还是不好，可以通过创建产品销售额透视表来进行查看并分析，具体的操作步骤如下。

步骤01 按照9.1.2节的方法，新建一个数据透视表，将新工作表重命名，选择创建的空白数据透视表，在界面右侧弹出"数据透视表字段"面板，选中"产品尺码"和"产品销售额"复选框，如图9-14所示。

步骤02 此时界面左侧的数据透视表中将显示产品尺码与产品销售额的数据，在"数据透视表字段"面板中的"值"列表框中，单击"计数项：产品尺码"右侧的下拉按钮，弹出列表框，选择"移动到行标签"选项，如图9-15所示。

图9-14　选中相应复选框

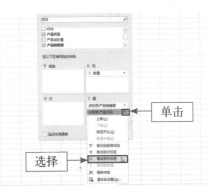

图9-15　选择"移动到行标签"选项

步骤03 单击"数据透视表字段"面板右上角的"关闭"按钮，关闭"数据透视表字段"面板，即可更改数据透视表的显示形式，如图9-16所示。

步骤04 在数据透视表中，选择B3单元格，在"分析"面板的"工具"选项板中，单击"数据透视图"按钮，弹出"插入图表"对话框，选择"簇状条形图"选项，如图9-17所示。

行标签	求和项:产品销售额
L	14512
M	19954
S	103418
XL	325083
XS	119578
XXL	44562
总计	627107

图9-16　更改数据透视表的显示形式

图9-17　选择"簇状条形图"选项

步骤 05　在插入簇状条形图表中选择"汇总"文本框，将"汇总"修改为"连衣裙销售额数据汇总"，即可设置图表标题，如图 9-18 所示。

步骤 06　选择柱形条，单击鼠标右键，弹出快捷菜单，选择"添加数据标签"选项，即可在条形图中添加数据标签；选择图表，在"设计"面板的"图表"选项板中，选择"样式 8"选项，即可设置图表样式，效果如图 9-19 所示。至此，便完成爆款产品属性分析表的制作。

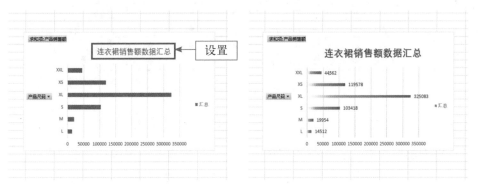

图 9-18　设置图表标题　　　　　　　　图 9-19　设置图表样式

9.2　爆款产品销量分析

【知识解析】

哪个行业的商品都有季节性，有些商品在某个月或季节卖得好。例如羽绒服保暖性强，一般只有在冬天才会穿，但是不排除有些商家卖反季节的衣服，不过在销量上可能没有在当季的高。因为大多数人还是顺应天气来购买商品，所以商家可以统计各个月的一些商品售卖情况，根据数据制订相应的销售计划。

【效果欣赏】

本实例主要介绍"爆款产品销量统计表"的制作流程和具体方法，爆款产品销量统计表的最终效果，如图 9-20 所示。

【操作过程】

（1）新建一个名为"爆款产品销量统计表"的工作表，并输入相关的信息内容。

（2）设置工作表的行高、列宽属性，通过数据条显示商品销售数据的高低。

（3）运用 Excel 的条件格式功能，设置图标集分类显示商品的销售数据。

（4）运用 Excel 的条件格式功能，创建迷你图显示商品销售的趋势。

爆款产品销量统计表

商品	1月	2月	3月	4月	5月	6月	迷你图
卫衣	132561	225424	1254125	3356235	4958623	102010	
夹克	202300	3525631	4125232	2152361	1025632	95623	
西装	32561	56325	56895	41254	25121	20411	
妈妈装	235635	2456325	3652365	1456235	1985623	1356485	
半身裙	19856	20135	39856	145896	165895	235623	
打底裤	132563	102312	95621	45623	31252	16523	
短袖	1563	1023	2562	2412	2356	125324	
棉服	12356	9856	7845	3456	1023	998	
开衫	1256	1985	12563	17856	245235	10235	

图 9-20　爆款产品销量统计表

9.2.1　高亮显示产品数据

商家可以在 Excel 中，使用数据条功能，将表格变得更加有趣、生动，利用条状凸显数据的高低程度，可以帮助商家在大量数据中找出高值或低值。下面以 2021 年 1 月的产品销售数据为例，高亮显示产品的销售数据。

步骤⑴ 新建一个名为"爆款产品销量统计表"的工作表，输入相关的信息内容，设置工作表的格式，并为表格添加所有框线效果，如图 9-21 所示。

	爆款产品销量统计表						
商品	1月	2月	3月	4月	5月	6月	
卫衣	132561	225424	1254125	3356235	4958623	102010	
夹克	202300	3525631	4125232	2152361	1025632	95623	
西装	232561	256325	456895	541254	325121	120411	
妈妈装	2356235	2456325	3652365	1456235	1985623	1356485	
半身裙	19856	20135	39856	145896	165895	235623	
打底裤	132563	102312	95621	45623	31252	16523	
短袖	1563	1023	2562	2412	2356	125324	
棉服	12356	9856	7845	3456	1023	998	
开衫	1256	1985	12563	17856	245235	10235	

图 9-21　设置工作表格式

步骤⑵ 在工作表中，选择 B3:B11 单元格区域，在"开始"面板的"样式"选项板中，单击"条件格式"按钮，弹出列表框；选择"数据条"选项；选择"红色数据条"选项，即可在工作表中设置数据条为红色数据条，如图 9-22 所示。

图 9-22　设置数据条为红色数据条

9.2.2　用图标集查看产品销量

商家还可以运用 Excel 中条件格式的"图标集"功能。它能让用户更好地监控商品销售数据的上升或下降的发展趋势，确定产品在哪个月卖得比较好，哪个月的产品销量是最差的，并根据产品每个月的销量和店铺的售卖情况调整销售计划，以达到事半功倍的效果。

步骤 01　选择 B3:G3 单元格区域，在"开始"面板的"样式"选项板中，单击"条件格式"按钮，弹出列表框；在列表框中，选择"图标集"；选择"三向箭头（彩色）"选项，如图 9-23 所示。

步骤 02　即可在工作表 B3:G3 的单元格区域中，用条件格式的三向箭头显示数据内容；用同样的方法，显示其他单元格区域的数据内容，效果如图 9-24 所示。

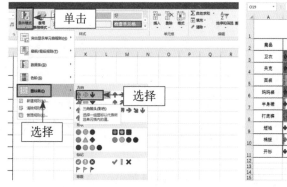

图 9-23　选择相应选项　　　　**图 9-24　显示其他单元格区域的数据内容**

专家提醒

　　一般图标集可以将数据分为3～5个类别，如上述的三向箭头（彩色）图标集中，有三种颜色的图标，其中绿色"上箭头"形状⇧表示较高值、黄色"平箭头"形状⇨表示中间值、红色"下箭头"形状⇩表示较低值，还有旗子形状、三色箭头等，一般默认的图标集，会按照数值的大小进行分类。

9.2.3　用迷你图展现销量状况

　　有时工作表数据过多，反而不利于用户分析，商家只看数据也不一定很快分析出结果。在数据过多的情况下，可能会出现看错数据或者漏掉数据的情况。因此，可以运用Excel的迷你图功能，将数据图小巧地放在单元格内，既能增加图表的乐趣，又便于用户快速地对数据进行分析，具体操作步骤如下。

　　步骤⓪1　在工作表中，选择G列单元格，在"开始"面板的"单元格"选项板中，单击"插入"按钮，如图9-25所示。

　　步骤⓪2　弹出列表框，选择"插入工作表列"选项，即可在工作表中插入一列单元格，如图9-26所示。

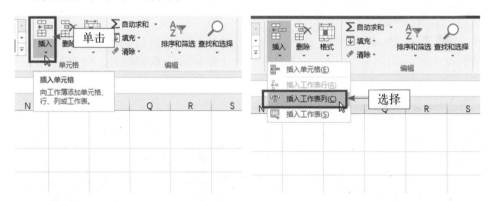

图9-25　单击"插入"按钮　　　　图9-26　选择"插入工作表列"选项

　　步骤⓪3　选择H2:H11单元格区域，单击鼠标右键，弹出快捷菜单，选择"剪切"选项，如图9-27所示。

　　步骤⓪4　选择G2单元格，单击鼠标右键，弹出快捷菜单，选择"粘贴"选项，如图9-28所示。

　　步骤⓪5　将剪切的内容粘贴至G2:G11单元格区域中，如图9-29所示。

　　步骤⓪6　在H2单元格中输入"迷你图"文字，并设置H2:H11单元格区域的对齐方式属性，以及添加框线效果，效果如图 9-30 所示。

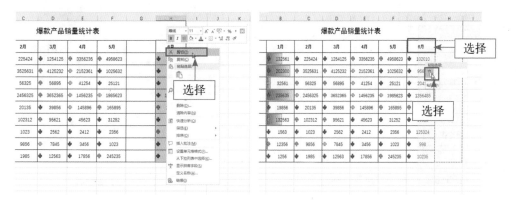

图 9-27　选择"剪切"选项　　　　　　图 9-28　选择"粘贴"选项

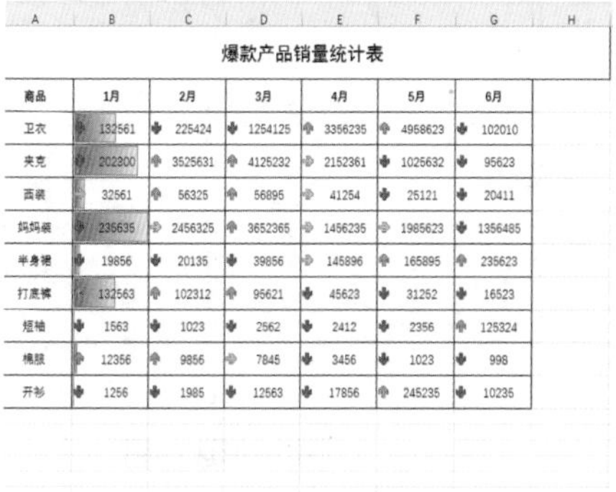

图 9-29　将剪切的内容粘贴至相应位置 　　　图 9-30　添加框线效果

步骤 ⑦ 选择 H3 单元格，在"插入"面板的"迷你图"选项板中，单击"柱形迷你图"按钮，如图 9-31 所示。

步骤 ⑧ 弹出"创建迷你图"对话框；在"数据范围"右侧的文本框中输入参数"B3:G3"，如图 9-32 所示。

步骤 ⑨ 单击"确定"按钮，便完成柱形迷你趋势图创建，效果如图 9-33 所示。

步骤 ⑩ 用与上同样的方法，依次在 G4:G11 单元格区域中，创建柱形迷你图，最终效果如图 9-34 所示。

专家提醒

　　用户可以根据自身喜好或需求，随意调整迷你图的展示颜色、样式、显示点、类型等属性。

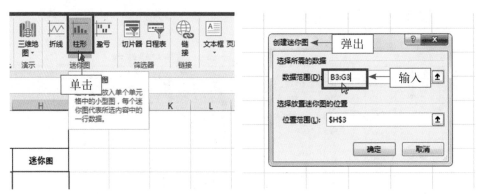

图 9-31　单击"柱形迷你图"按钮　　　　　图 9-32　输入相应参数

图 9-33　创建柱形迷你趋势图 　　　　　　图 9-34　创建柱形迷你图

步骤⑪ 选择 H3:H11 单元格区域，在"设计"面板的"显示"选项板中，选中"高点"复选框，如图 9-35 所示。

图 9-35　选中"高点"复选框

步骤⑫ 通过上述操作即可在工作表中的柱形迷你图中，显示销量最多的月份。至此，完成爆款产品销量统计表的制作。

9.3 地区销量指数分析

【知识解析】

由于地区习俗和生活水平的差异，各类产品销售额也会有所差异，我们可以根据每个地区产品销售额，分析不同地区之间产品售卖情况的差异性。下面根据某行业数据分析网站为例，分析某一款产品的地区销量指数的信息数据。

【效果欣赏】

本实例主要介绍"地区销量指数统计表"的制作流程和具体方法，地区销量指数统计的最终效果如图 9-36 所示。

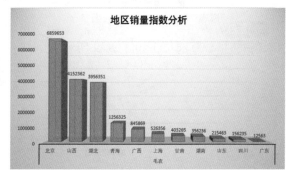

图 9-36　地区销量指数统计

【操作过程】

（1）新建一个名为"地区销量指数统计"的工作表，输入相关信息内容。

（2）运用 Excel 的条件格式功能，用色阶显示各个地区的销售指数。

（3）在工作表中插入三维簇状柱形图，并设置图表样式等操作。

9.3.1 创建地区销量指数统计表

地区销量指数统计主要包含爆款产品、地区和销售指数等内容，商家可以根据统计爆款产品在不同地区的销售数据信息，分析不同地区的产品销售情况，制定相应的营销方案和营销策略，表格创建具体步骤如下。

步骤 01 新建一个名为"地区销量指数统计"的工作表，并输入相关的信息内容，设置工作表的行高与列宽、对齐方式、字体格式等属性，并为表格添加所有框线效果，如图 9-37 所示。

步骤 02 选择 B2:C13 单元格区域，在"数据"面板的"排序和筛选"选项板中，单击"排序"按钮，如图 9-38 所示。

图 9-37　设置工作表格式图

图 9-38　单击"排序"按钮

步骤 03　弹出"排序"对话框；单击"列"右侧的下拉按钮，弹出列表框，选择"销售指数"选项，如图 9-39 所示。

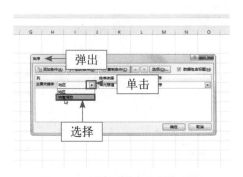

图 9-39　选择"销售指数"选项

步骤 04　单击"次序"右侧的下拉按钮，弹出列表框，选择"降序"选项，如图 9-40 所示。

步骤 05　单击"确定"按钮，即可将表中数据进行排序操作，如图 9-41 所示。

图 9-40　选择"降序"选项

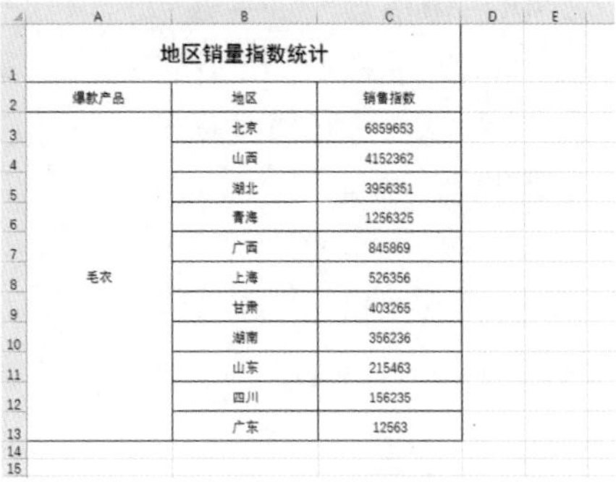

图 9-41　将表中数据进行排序操作

专家提醒

用户在“开始”面板的“编辑”选项板中，单击“排序和筛选”按钮，也可以对单元格进行升序和降序操作。

9.3.2 用色阶高亮显示销售指数

有时候数据平淡无奇地展示在人们的眼前，人们不一定能一下子感受到数据与数据之间的“分布状态”。为了更直观地分析数据，可以通过 Excel 的色阶，对数据进行展示优化，这样便于用户快速得出表格数据中的分布。

步骤 01 在工作表中选择 C3:C13 单元格区域，在“开始”面板的“样式”选项板中，单击“条件格式”按钮，弹出列表框，选择“色阶”→“红 - 白色阶”选项，如图 9-42 所示。

步骤 02 即可在工作表中设置色阶为红 - 白色阶，效果如图 9-43 所示。

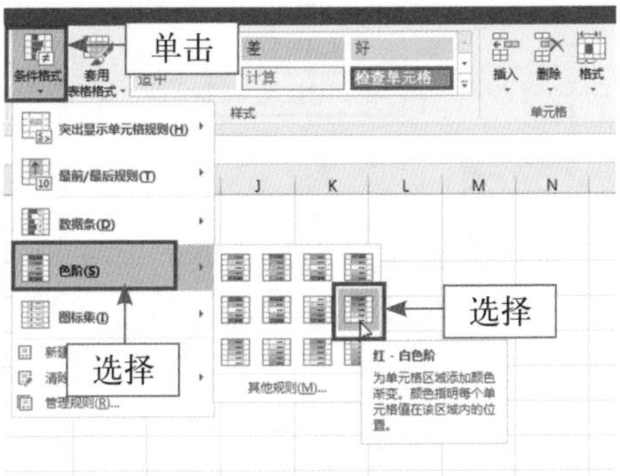

图 9-42 选择相应选项

地区销量指数统计

爆款产品	地区	销售指数
毛衣	北京	6859653
	山西	4152362
	湖北	3956351
	青海	1256325
	广西	845869
	上海	526356
	甘肃	403265
	湖南	356236
	山东	215463
	四川	156235
	广东	12563

图 9-43 设置色阶为红 - 白色阶

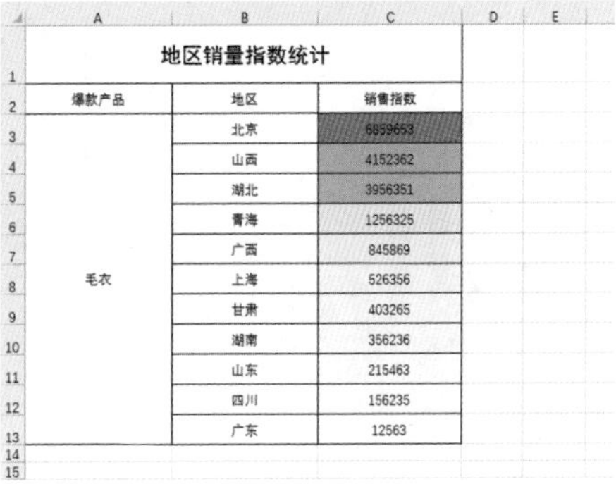

9.3.3 插入柱形图分析销售指数

在 Excel 中的图表种类中，柱形图可以很直观地显示各类数据的比较值，所以用户可以用柱形图进行各地区销售指数之间的对比，观察它们之间存在的差异性。下面我们就一起来制作柱形图分析销售指数。

步骤 01 选择 A2:C13 单元格区域，在“插入”面板的“图表”选项板中，单击“插入柱形图或条形图”按钮，如图 9-44 所示。

步骤 02 弹出列表框，选择“三维柱形图”下的“三维簇状柱形图”选项，如图 9-45 所示。

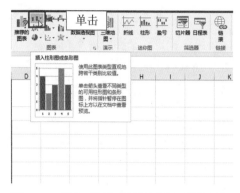

图 9-44　单击"插入柱形图或条形图"按钮　　**图 9-45　选择"三维簇状柱形图"选项**

步骤 ③ 即可在工作表中插入三维簇状柱形图，如图 9-46 所示。

步骤 ④ 在图表中选择"图表标题"文本框，将"图表标题"修改为"地区销量售指数分析"，即可修改图表标题，如图 9-47 所示。

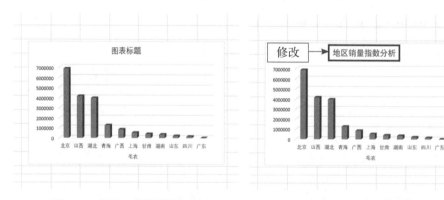

图 9-46　插入三维簇状柱形图　　　　**图 9-47　修改图表标题**

步骤 ⑤ 选择图表，在"设计"面板的"图表样式"选项板中，选择"样式 3"选项，即可设置图表样式，效果如图 9-48 所示。

步骤 ⑥ 选择图表，在"设计"面板的"图表布局"选项板中，单击"添加图表元素"按钮，如图 9-49 所示。

步骤 ⑦ 弹出列表框，选择"数据标签"→"其他数据标签选项"选项，如图 9-50 所示。

步骤 ⑧ 弹出"设置数据标签格式"面板，选中"值"复选框，关闭"设置数据标签格式"面板；选择图表，将光标移至图表右下角，光标呈现 形状时，单击鼠标左键并拖曳至适当位置，即可调整图表的大小，效果如图 9-51 所示。至此，便可完成地区销量指数统计表的制作。

图 9-48　设置图表样式	图 9-49　单击"添加图表元素"按钮

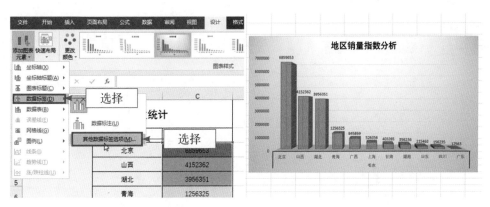

图 9-50　选择相应选项	图 9-51　调整图表的大小

第 10 章

将流量转变为销量

经营一家店铺重要的是店铺流量，流量包括店铺浏览量、点击量等。商家需要考虑的是如何将店铺浏览的数量转化为成交量，如何吸引买家购买商品是一件重要的事情，所以商家要统计流量数据，分析流量成交转化率，再制订相应的引流方案实现盈利。

10.1 买家浏览量分析

【知识解析】

对于任何一家线上店铺来说，浏览量就是店铺的灵魂，无浏览意味着无下单，如果店铺在平时中浏览量很少，可想而知店铺的销量会有多差。浏览量是客户购买商品的前提，所以统计店铺浏览量是非常重要的，商家可以根据买家在什么时候或者在什么终端的访问情况，根据具体情况制定相应的解决方案。下面以某家淘宝网店后台数据为例，分析买家浏览量的数据。

【效果欣赏】

本实例主要介绍"买家浏览量统计表"的制作流程和具体方法，买家浏览量统计表的最终效果，如图 10-1 所示。

买家浏览量统计表							
统计日期	浏览量	日均人均浏览量	月平均浏览量	PC端访客数	PC端商品详情页浏览量	商品详情页浏览量	无线端访客数
2021年1月	16,016	1.83	27,240	1,020	1,789	15,623	6,523
2021年2月	32,562	2.01	27,240	2,159	3,251	17,895	8,562
2021年3月	22,956	1.42	27,240	2,229	3,161	19,588	8,012
2021年4月	21,256	1.93	27,240	3,265	4,025	20,023	8,526
2021年5月	36,526	1.98	27,240	4,235	5,023	30,215	9,856
2021年6月	34,125	2.41	27,240	3,256	5,896	33,320	20,125

图 10-1　买家浏览量统计表

【操作过程】

（1）新建一个名为"买家浏览量统计表"的工作表，并输入相关的信息内容。

（2）在工作表中插入折线图，在图表中添加数据标签，并修改数据标签形状。

（3）运用 Excel 的 AVERAGE 函数，统计月平均浏览量的数据信息。

（4）运用 Excel 的添加数据功能，在图表中添加一条折线，并设置线条样式。

10.1.1　创建买家浏览量统计表

店铺买家的浏览量数据可以通过淘宝后台的生意参谋中心查看，商家可以根据自身所需，查看相应时间段的数据信息，本次以某家淘宝店铺 2021 年上半年的店铺浏览量数据为例，进行数据分析，其中查看的数据为浏览量、日均人均浏览量、PC 端访客数、PC 端商品详情页浏览量、商品详情页浏览量与无线端访客数。

步骤 ⓪① 新建一个名为"买家浏览量统计表"的工作表，并输入相关的信息内容，设置行高、列宽属性，如图 10-2 所示。

	A	B	C	D	E	F	G
1	买家浏览量统计表						
2	统计日期	浏览量	日均人均浏览量	PC端访客数	PC端商品详情页浏览量	商品详情页浏览量	无线端访客数
3	2021年1月	16016	1.83	1020	1789	15623	6523
4	2021年2月	32562	2.01	2159	3251	17895	8562
5	2021年3月	22956	1.42	2229	3161	19588	8012
6	2021年4月	21256	1.93	3265	4025	20023	8526
7	2021年5月	36526	1.98	4235	5023	30215	9856
8	2021年6月	34125	2.41	3256	5896	33320	20125
9							
10							
11							

图 10-2　输入相关的信息内容

步骤 ⓪② 设置工作表的对齐方式、字体格式等属性，并为表格添加框线效果，如图 10-3 所示。

	A	B	C	D	E	F	G
1	买家浏览量统计表						
2	统计日期	浏览量	日均人均浏览量	PC端访客数	PC端商品详情页浏览量	商品详情页浏览量	无线端访客数
3	2021年1月	16016	1.83	1020	1789	15623	6523
4	2021年2月	32562	2.01	2159	3251	17895	8562
5	2021年3月	22956	1.42	2229	3161	19588	8012
6	2021年4月	21256	1.93	3265	4025	20023	8526
7	2021年5月	36526	1.98	4235	5023	30215	9856
8	2021年6月	34125	2.41	3256	5896	33320	20125
9							
10							
11							

图 10-3　为表格添加框线效果

步骤 ⓪③ 按住 Ctrl 键的同时，选择 B3:B8、D3:G8 单元格区域，单击鼠标右键，弹出快捷菜单，选择"设置单元格格式"选项，弹出"设置单元格格式"对话框，在"数字"选项卡下，设置"分类"为"数值"，如图 10-4 所示。

步骤 ⓪④ 在"数值"右侧展开的选项中，设置"小数位数"为 0；选中"使用千位分隔符"复选框，如图 10-5 所示。

步骤 ⓪⑤ 单击"确定"按钮，即可设置单元格格式，效果如图 10-6 所示。

图 10-4 设置"分类"为"数值"

图 10-5 选中相应复选框

买家浏览量统计表						
统计日期	浏览量	日均人均浏览量	PC端访客数	PC端商品详情页浏览量	商品详情页浏览量	无线端访客数
2021年1月	16,016	1.83	1,020	1,789	15,623	6,523
2021年2月	32,562	2.01	2,159	3,251	17,895	8,562
2021年3月	22,956	1.42	2,229	3,161	19,588	8,012
2021年4月	21,256	1.93	3,265	4,025	20,023	8,526
2021年5月	36,526	1.98	4,235	5,023	30,215	9,856
2021年6月	34,125	2.41	3,256	5,896	33,320	20,125

图 10-6 设置单元格格式

10.1.2 设置折线图查看浏览量走势

如果单看表格中的数据，商家可能对各种数据了解得不太清楚。对此，商家可以通过 Excel 的折线图查看每个月浏览量的走势，下面为大家演示具体操作步骤。

步骤 01 在工作表中选择 A2:B8 单元格区域，在"插入"面板的"图表"选项板中，单击"插入折线图或面积图"按钮，弹出列表框，选择"折线图"选项，即可在工作表中插入折线图，效果如图 10-7 所示。

步骤 02 选择图表中的"浏览量"文本框，将"浏览量"修改为"买家浏览店铺次数统计"，即可修改图表标题，如图 10-8 所示。

步骤 03 选择图表中的蓝色折线，单击鼠标右键，弹出快捷菜单，选择"添加数据标签"选项，如图 10-9 所示。

步骤 04 在图表中选择蓝色折线上的数据标签，单击鼠标右键，弹出快捷菜单，选择"设置数据标签格式"选项，如图 10-10 所示。

步骤 ⑤　弹出"设置数据标签格式"面板，在"标签位置"下方选中"靠上"单选按钮，如图 10-11 所示。

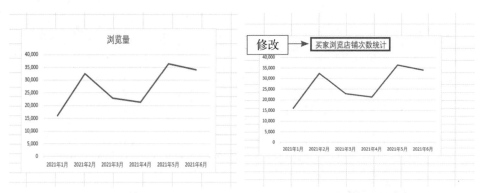

图 10-7　插入折线图　　　　　　　　　　图 10-8　修改图表标题

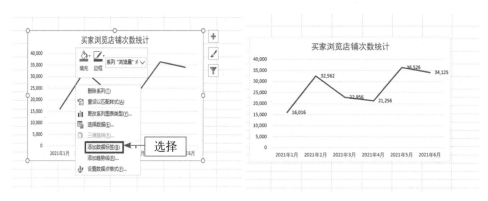

图 10-9　添加数据标签

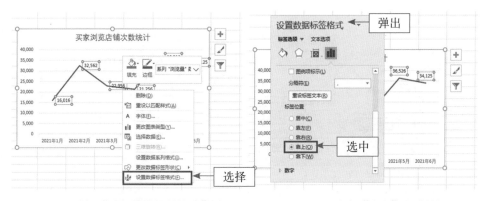

图 10-10　选择"设置数据标签格式"选项　　　图 10-11　选中"靠上"单选按钮

步骤 06 完成设置蓝色折线上数据标签的位置后，选择蓝色折线上的数据标签，单击鼠标右键，弹出快捷菜单；选择“更改数据标签形状”；选择“对话气泡：椭圆形”选项，如图 10-12 所示。

步骤 07 设置更改数据标签形状完成后，关闭快捷菜单，效果如图 10-13 所示。

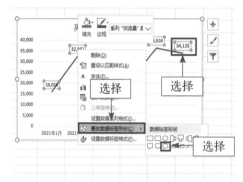

图 10-12　选择相应选项

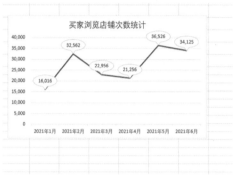

图 10-13　更改数据标签的形状

10.1.3　分析店铺月平均浏览量走势

店铺月平均浏览量是对店铺每个月的总浏览量进行一个均衡统计，商家可以根据每个月的月平均浏览量，制定一个相对比较合理的月平均浏览量的范围，下面我们就一起来制作月平均浏览量走势折线图。

步骤 01 在工作表中选择 D 列单元格，单击鼠标右键，在弹出的快捷菜单中选择“插入”选项，如图 10-14 所示。

步骤 02 在工作表中新插入一列单元格中选择 D2 单元格，输入相应内容，如图 10-15 所示。

图 10-14　选择“插入”选项

日均人均浏览量	月平均浏览量	PC端访…	…情页浏览量	商品详情页浏览量
1.83		1,020	1,789	15,623
2.01		2,159	3,251	17,895
1.42		2,229	3,161	19,588
1.93		3,265	4,025	20,023
1.98		4,235	5,023	30,215
2.41		3,256	5,896	33,320

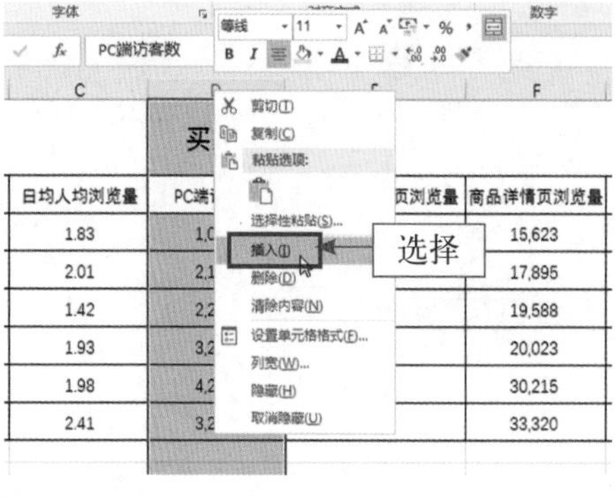

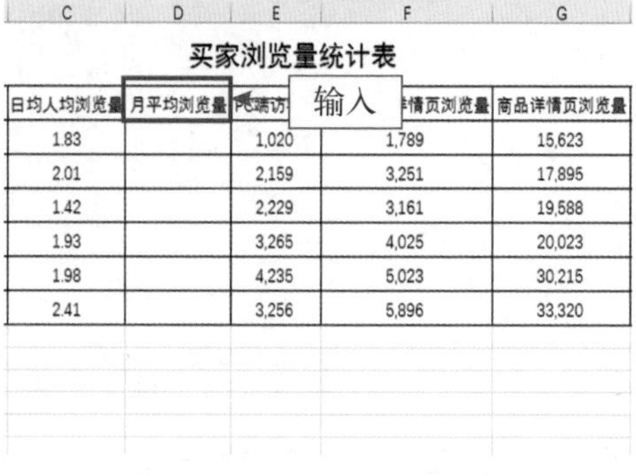

图 10-15　输入相应内容

步骤 03 选择 D3 单元格，插入函数公式"AVERAGE"，在 D3 单元格输入 =（B3:B8），如图 10-16 所示。

步骤 04 按 Enter 键确认，即可得出 D3 单元格的数据结果，统计店铺月平均浏览量，将鼠标指针移至 D3 单元格右下角，当光标呈 ➕ 形状时，双击数据左键，即可统计月平均浏览量，效果如图 10-17 所示。

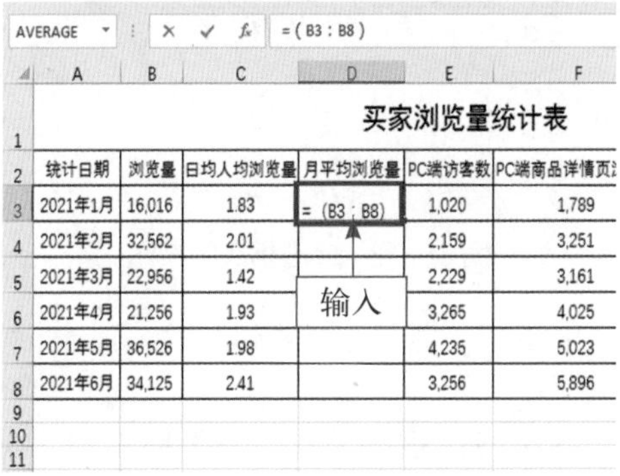

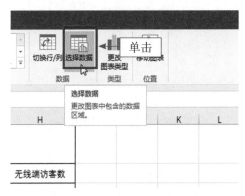

图 10-16　统计月平均浏览量

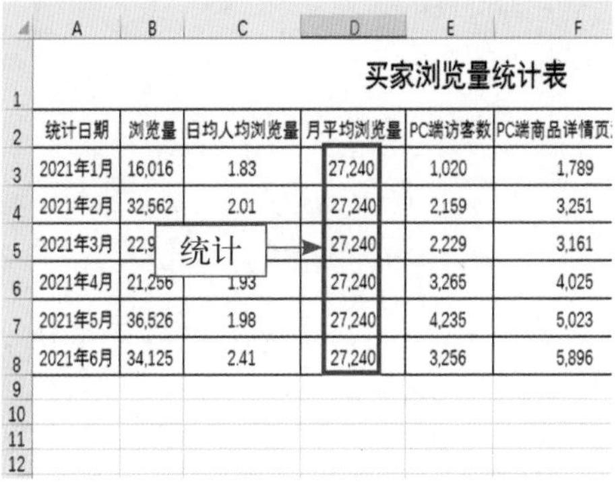

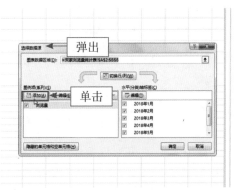

图 10-17　输入公式

步骤 05 选择折线图表，在"设计"面板的"数据"选项板中，单击"选择数据"按钮，如图 10-18 所示。

步骤 06 弹出"选择数据源"对话框，单击"添加"按钮，如图 10-19 所示。

图 10-18　单击"选择数据"按钮

图 10-19　单击"添加"按钮

步骤 07 弹出"编辑数据系列"对话框，单击"系列名称"右侧的按钮，如图 10-20 所示。

步骤 08 在工作表中选择 D2 单元格，并单击"编辑数据系列"对话框中的按钮，如图 10-21 所示。

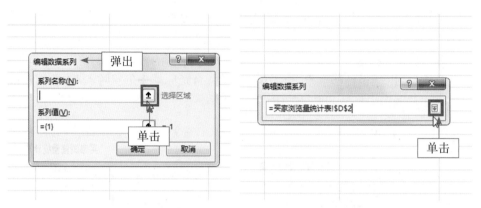

图 10-20　单击相应的按钮　　　　　　图 10-21　单击相应的按钮

步骤 09 即可展开对话框中的内容，单击"系列值"右侧的按钮，效果如图 10-22 所示。

步骤 10 在工作表中选择 D3:D8 单元格区域，并单击"编辑数据系列"对话框中的按钮，如图 10-23 所示。

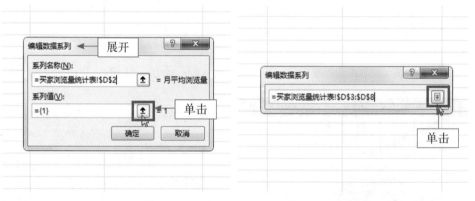

图 10-22　单击"系列值"右侧的按钮　　　图 10-23　单击相应的按钮

步骤 11 展开对话框中的内容，单击"确定"按钮，返回"选择数据源"对话框，单击"确定"按钮，即可在图中添加一条橙色折线，效果如图 10-24 所示。

步骤 12 选择橙色折线，单击鼠标右键，弹出快捷菜单，选择"设置数据系列格式"选项，如图 10-25 所示。

步骤 13 弹出"设置数据系列格式"面板，切换至"填充与线条"选项卡，在展开的"线条"选项区中，单击"短划线类型"右侧的按钮，弹出列表框，选择"短划线"选项，即可设置短划线类型，如图 10-26 所示。

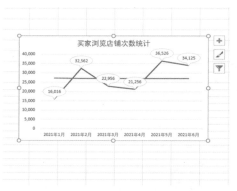

图 10-24　添加一条橙色折线

图 10-25　选择"设置数据系列格式"选项

步骤⑭ 单击"结尾箭头类型"右侧的按钮，弹出列表框，选择"开放型箭头"选项，即可设置"结尾箭头类型"，如图 10-27 所示。

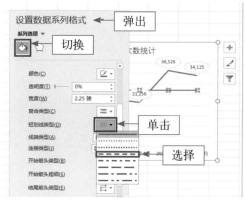

图 10-26　选择"短划线"选项

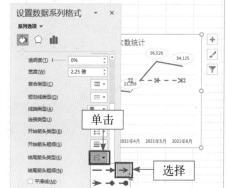

图 10-27　选择"开放型箭头"选项

步骤⑮ 单击"结尾箭头粗细"右侧的按钮，弹出列表框，选择"右箭头 9"选项，如图 10-28 所示。

步骤⑯ 单击"设置数据系列格式"面板右上角的"关闭"按钮，关闭"设置数据系列格式"面板，完成设置橙色折线的线条样式；选择图表标题，设置"字体"为"黑体"，"字号"为 18，效果如图 10-29 所示。

步骤⑰ 在工作表中选择图表，将光标移至图表的右下角，此时光标会呈现 ⬉ 形状，单击鼠标左键并拖曳至适当位置，即可调整图表的大小，如图 10-30 所示。至此，便可完成买家浏览量统计折线表的制作。

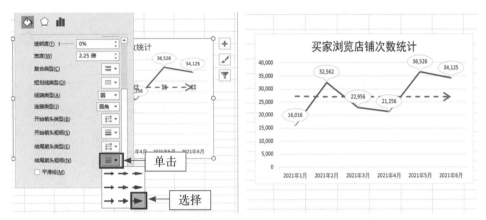

图 10-28　选择"右箭头 9"选项　　　　图 10-29　设置图表标题格式

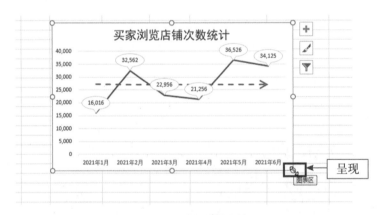

图 10-30　光标呈 形状

10.2　不同渠道访问分析

【知识解析】

现如今电商平台数不胜数，本次以淘宝平台为例，根据某淘宝店铺 2021 年 1 月与 2 月的访问情况数据进行分析。在淘宝中有很多渠道都可以访问淘宝店铺，各个商家为了让买家可以看到他们的店铺使用的方法可谓是层出不穷。

店铺进行流量推广主要分为 4 大类，分别为免费流量、付费流量、自主访问以及其他方式，店铺要想快速地了解哪一种渠道适合自家的店铺，可以通过对买家从不同渠道访问店铺的情况进行数据统计，根据统计的结果得出最佳的推广渠道。

【效果欣赏】

本实例主要介绍"不同渠道访问统计表"的制作流程和具体方法。不同渠道访问统计表的最终效果，如图 10-31 所示。

【操作过程】

（1）新建一个名为"不同渠道访问统计表"的工作表，并输入相应内容。

（2）运用 Excel 的 SUMIF 函数，统计付费流量的数据信息。

（3）运用 Excel 的 SUMIF 函数，统计免费流量的数据信息。

10.2.1　创建不同渠道访问统计表

不同渠道访问统计表主要包含时间、访问渠道、访问渠道明细以及访问数量等数据，根据这些数据信息，可以让商家寻找最佳的推广渠道，下面我们就一起来创建一个统计表。

步骤 01 新建一个名为"不同渠道访问统计表"的工作表，并输入相关的信息内容，设置行高、列宽属性，如图 10-32 所示。

步骤 02 设置工作表的对齐方式、字体格式等属性，并为表格添加框线效果，如图 10-33 所示。

不同渠道访问统计表			
时间	访问渠道	访问渠道明细	访问数量
2018年1月	自主访问	店铺收藏	2325
2018年1月	自主访问	我的订单	1452
2018年1月	自主访问	淘宝收藏	1263
2018年1月	免费流量	淘宝头条	1356
2018年1月	免费流量	淘宝首页	852
2018年1月	免费流量	淘宝搜索	1754
2018年1月	付费流量	淘宝客	695
2018年1月	付费流量	钻石展	1856
2018年1月	付费流量	淘宝直通车	2056
2018年1月	其他	其他	4056
2018年2月	自主访问	店铺收藏	3659
2018年2月	自主访问	我的订单	2014
2018年2月	自主访问	淘宝收藏	1421
2018年2月	免费流量	淘宝头条	1489
2018年2月	免费流量	淘宝首页	956
2018年2月	免费流量	淘宝搜索	1365
2018年2月	付费流量	淘宝客	1023
2018年2月	付费流量	钻石展	1200
2018年2月	付费流量	淘宝直通车	2698
2018年2月	其他	其他	3698

访问渠道	1月 访问数量	2月 访问数量
付费流量	4607	4921
免费流量	3962	3810
自主访问	5040	7094
其他	4056	3698

图 10-31　不同渠道访问统计表

1	不同渠道访问统计表			
2	时间	访问渠道	访问渠道明细	访问数量
3	2021年1月	自主访问	店铺收藏	2325
4	2021年1月	自主访问	我的订单	1452
5	2021年1月	自主访问	淘宝收藏	1263
6	2021年1月	免费流量	淘宝头条	1356
7	2021年1月	免费流量	淘宝首页	852
8	2021年1月	免费流量	淘宝搜索	1754
9	2021年1月	付费流量	淘宝客	695
10	2021年1月	付费流量	钻石展	1856
11	2021年1月	付费流量	淘宝直通车	2056
12	2021年1月	其他	其他	4056
13	2021年2月	自主访问	店铺收藏	3659
14	2021年2月	自主访问	我的订单	2014
15	2021年2月	自主访问	淘宝收藏	1421
16	2021年2月	免费流量	淘宝头条	1489
17	2021年2月	免费流量	淘宝首页	956
18	2021年2月	免费流量	淘宝搜索	1365
19	2021年2月	付费流量	淘宝客	1023
20	2021年2月	付费流量	钻石展	1200
21	2021年2月	付费流量	淘宝直通车	2698
22	2021年2月	其他	其他	3698

图 10-32　输入相关的信息内容

	A	B	C	D	E	F
1	不同渠道访问统计表					
2	时间	访问渠道	访问渠道明细	访问数量		
3	2021年1月	自主访问	店铺收藏	2325		
4	2021年1月	自主访问	我的订单	1452		
5	2021年1月	自主访问	淘宝收藏	1263		
6	2021年1月	免费流量	淘宝头条	1356		
7	2021年1月	免费流量	淘宝首页	852		
8	2021年1月	免费流量	淘宝搜索	1754		
9	2021年1月	付费流量	淘宝客	695		
10	2021年1月	付费流量	钻石展	1856		
11	2021年1月	付费流量	淘宝直通车	2056		
12	2021年1月	其他	其他	4056		
13	2021年2月	自主访问	店铺收藏	3659		
14	2021年2月	自主访问	我的订单	2014		
15	2021年2月	自主访问	淘宝收藏	1421		
16	2021年2月	免费流量	淘宝头条	1489		
17	2021年2月	免费流量	淘宝首页	956		
18	2021年2月	免费流量	淘宝搜索	1365		
19	2021年2月	付费流量	淘宝客	1023		
20	2021年2月	付费流量	钻石展	1200		
21	2021年2月	付费流量	淘宝直通车	2698		
22	2021年2月	其他	其他	3698		

图 10-33　为表格添加框线效果

10.2.2　用函数计算各渠道数据

前文我们创建了不同渠道访问统计表，表中统计的是 2021 年 1 月与 2 月的不同渠道访问人数信息，表中有 4 种访问渠道。如果单凭肉眼无法快速地得出哪种访问渠道的访问数量较多，哪种渠道访问数量较少，所以我们可以通过 Excel 的 SUMIF 函数，分别统计付费流量和免费流量的数据信息，对比 2021 年 1 月与 2 月的不同类型流量的访问数据，下面我们就付费渠道和其他渠道类型访问数量分别进行计算。

1. 付费渠道

使用付费流量对于商家而言是一种博弈，如果付费流量的效果好，那所花的成本也可以收回，如果效果不好，等于既浪费了金钱，又浪费了时间与精力。运营者计算付费流量数据可以更好地了解付费流量使用效果，及时做出调整。

步骤 01 选择 A24:C26 单元格区域，并输入相关的信息内容，设置对齐方式、字体格式等属性，并添加相应的框线效果，如图 10-34 所示。

步骤 02 选择 B26 单元格，输入公式 =SUMIF（B3:B12," 付费流量 ",D3:D12），如图 10-35 所示。

图 10-34 输入相关的信息内容   图 10-35 输入公式

步骤 03 按 Enter 键确认，即可得出 B26 单元格的数据结果，统计 2021 年 1 月付费流量渠道的总访问数量，如图 10-36 所示。

步骤 04 选择 C26 单元格，用与上同样的方法，统计 2021 年 2 月付费流量渠道的总访问数量，效果如图 10-37 所示。

2. 其他渠道类型

商家在运营店铺时，除了要关注付费流量的访问人数情况，还要关注免费流量的访问人数情况。与付费流量相比，免费流量与自主访问这两种访问渠道对于商家而言风险小了很多，商家在这两种渠道访问的情况上进行统计分析，合理规划免费流量访问渠道，对于商家而言绝对是百益而无一害。下面为大家演示其他渠道类型的免费流量数据统计。

步骤 01 选择 A27:C29 单元格区域，在其中输入相关的信息内容，设置对齐方式、字体格式等属性，并添加相应的框线效果，效果如图 10-38 所示。

图 10-36 统计 2021 年 1 月的付费流量渠道的 图 10-37 统计 2021 年 2 月的总访问数量
总访问数量

步骤 02 选择 B27 单元格，输入公式 =SUMIF（B3:B12," 免费流量 ",D3:D12），如图 10-39 所示。

图 10-38 输入相关的信息内容   图 10-39 输入公式

步骤 03 按 Enter 键确认，即可得出 B27 单元格的数据结果，统计 2021 年
1 月免费流量渠道的总访问数量，如图 10-40 所示。

步骤 04 选择 C27 单元格，用与上同样的方法，统计 2021 年 2 月免费流量
渠道的总访问数量，效果如图 10-41 所示。

步骤 05 选择 B28 单元格，输入公式 =SUMIF（B3:B12," 自主访问 ",D3:D12），如图 10-42 所示。

步骤 06 按 Enter 键确认，即可得出 B28 单元格的数据结果，统计 2021 年
1 月自主访问渠道的总访问数量，用与上同样的方法，统计 2021 年 2 月自主访
问渠道的总访问数量，效果如图 10-43 所示。

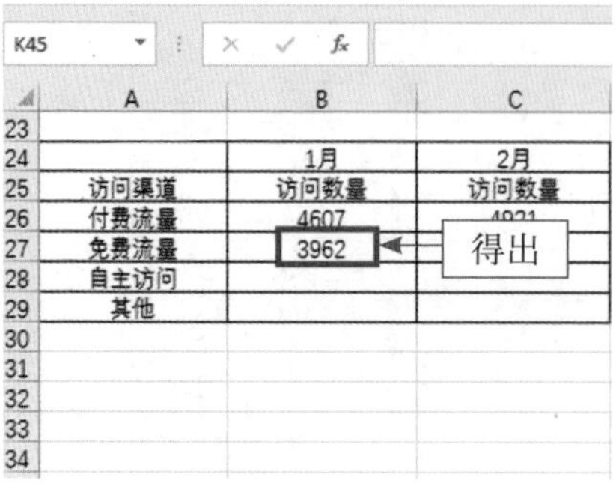

图 10-40　统计 2021 年 1 月免费流量渠道的 总访问数量

图 10-41　统计 2021 年 2 月免费流量渠道 总访问数量

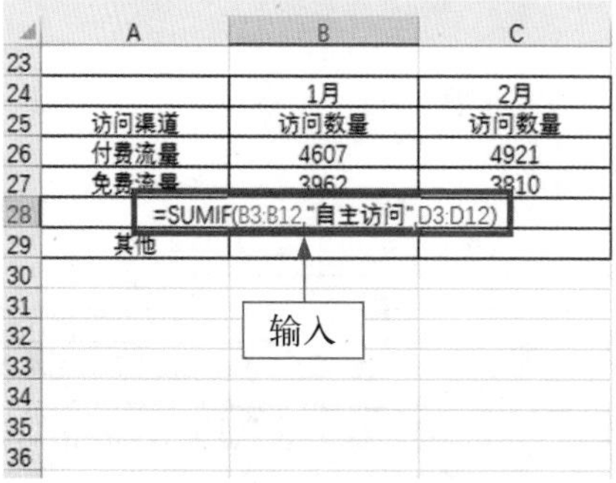

图 10-42　输入公式

图 10-43　统计 2021 年 2 月的自主访问 渠道的总访问数量

步骤 07　选择 B29 单元格，在单元格中输入公式 =SUMIF（B3:B12,"其他",D3:D12），如图 10-44 所示。

步骤 08　按 Enter 键确认，即可得出 B29 单元格的数据结果，统计 1 月份其他渠道的总访问数量，用与上同样的方法，统计 2021 年 2 月其他渠道的总访问数量，效果如图 10-45 所示。

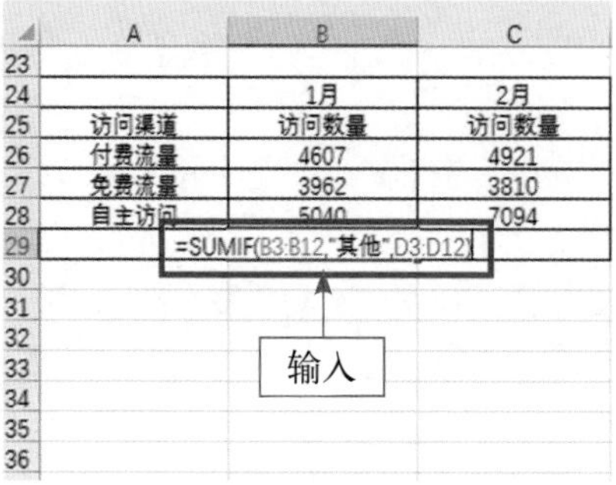

图 10-44　在单元格中输入公式

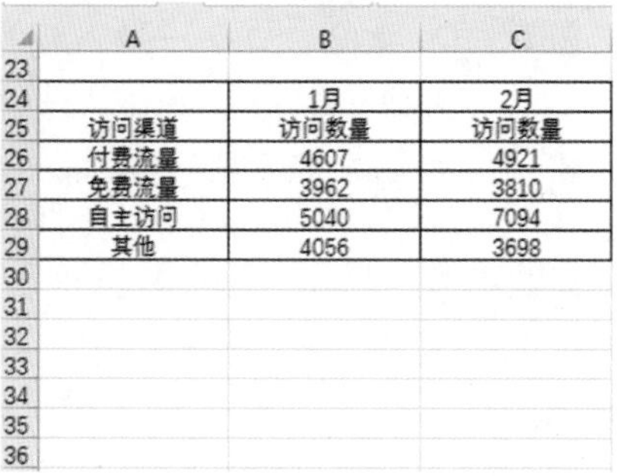

图 10-45　统计 2021 年 2 月其他渠道的 总访问数量

10.3 成交率分析

【知识解析】

商家之所以要多种渠道进行商品推广是为了增加顾客的访问量以及下单量，不同渠道的访问人数不同，每个人的喜好不同，访问商品的渠道自然也会不同。

有些顾客喜欢看到合眼缘的商品就进行收藏或者直接购买，有些顾客可能在某个页面上看到只是点进去看看，并不会购买，所以商家要对每个访问渠道的访问数量、成交数量以及成交的转化率进行数据统计，这样可以根据数据制定更好的营销方案，帮助商家提高店铺的销量。

【效果欣赏】

本实例主要介绍"成交率统计表"的制作流程和具体方法，成交转化率统计表的最终效果，如图 10-46 所示。

成交率统计表			
访问渠道	访问数量	成交数量	成交转化率
付费流量	5231	3456	66%
免费流量	3452	2632	76%
自主访问	2985	1856	62%
其他	5568	1896	34%
总计	17236	9840	57%

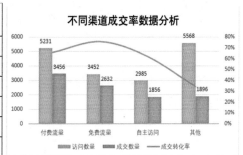

图 10-46 成交率统计表

【操作过程】

（1）新建一个名为"成交率统计表"的工作表，并输入相关的信息内容。

（2）运用 Excel 的 SUM 函数，统计访问人数、下单人数、转化率总数据。

（3）运用 Excel 的 ROUND 函数，统计各渠道的商品成交率数据。

（4）在工作表中插入柱形图，分析店铺各渠道商品成交率的趋势。

10.3.1 创建成交率统计表

成交率统计表主要包含访问渠道、访问数量、成交数量以及成交率等内容，成交率统计表的具体制作步骤如下。

步骤 01 新建一个名为"成交率统计表"的工作表，并输入相关的信息内容，设置行高、列宽属性，如图 10-47 所示。

步骤 02 设置工作表的对齐方式、字体格式等属性，并为表格添加框线效果，如图 10-48 所示。

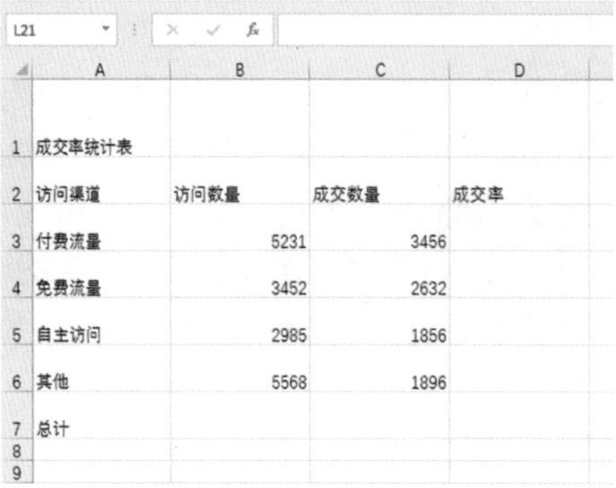

图 10-47　输入相关的信息内容　　　　图 10-48　为表格添加框线效果

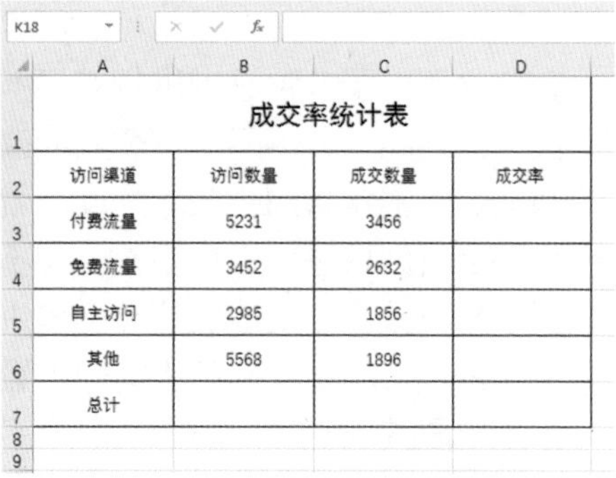

步骤 03　选择 B7 单元格，输入公式 =SUM（B3:B6），按 Enter 键确认，即可得出 B7 单元格的数据结果，统计所有访问渠道的访问总数量，效果如图 10-49 所示。

步骤 04　选择 B7 单元格，将光标移至 B7 单元格右下角，当光标呈╋形状时，单击鼠标左键并向右拖曳至 C7 单元格，即可统计所有访问渠道的成交总数量，如图 10-50 所示。

图 10-49　统计所有访问渠道的访问总数量　　图 10-50　统计所有访问渠道的成交总数量

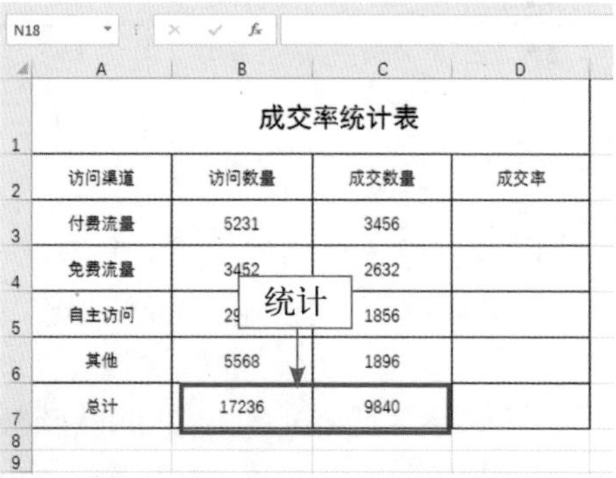

步骤 05　选择 D3 单元格，输入公式 =ROUND（（C3/B3），2），按 Enter 键确认，即可得出 D3 单元格的数据结果，统计付费流量数据转化率，如图 10-51 所示。

| SUM | | × | ✓ | fx | =ROUND((C3/B3),2) |

成交率统计表

访问渠道	访问数量	成交数量	成交率
付费流量	5231	3	=ROUND((C3/B3),2)
免费流量	3452	2632	
自主访问	2985	1856	
其他	5568	1896	
总计	17236	9840	

输入

| I16 | | × | ✓ | fx | |

成交率统计表

访问渠道	访问数量	成交数量	成交率
付费流量	5231	3456	0.66
免费流量	3452	2632	
自主访问	2985	1856	
其他	5568	1896	
总计	17236	9840	

得出

图 10-51　统计付费流量数据转化率

专家提醒

　　除了上述方法可以统计付费流量的数据转化率，还可以通过 Excel 的 SUM 函数计算，选择 D3 单元格，输入公式 =SUM（C3/B3），按 Enter 键确认，即可得出 D3 单元格的数据结果，统计付费流量的数据转化率。

步骤 06　选择 D3 单元格，用与上同样的方法，统计其他渠道的数据转化率，并设置相应单元格的百分比格式，效果如图 10-52 所示。

| R19 | | : | × | ✓ | fx | |

成交率统计表

访问渠道	访问数量	成交数量	成交转化率
付费流量	5231	3456	66%
免费流量	3452	2632	76%
自主访问	2985	1856	62%
其他	5568	1896	34%
总计	17236	9840	57%

图 10-52　统计其他渠道的数据转化率

10.3.2　通过柱形图表分析数据

　　在 Excel 中，柱形图可以很清楚地对比数据之间的差异化，可以使商家一目了然，运营者在分析成交转化率的过程中可以在表格中插入柱形图，具体操作步骤如下。

步骤 01　在工作表中选择 A2:D6 单元格区域，在"插入"面板的"图表"

选项板中，单击"插入柱形图或条形图"按钮，弹出列表框；选择"三维簇状柱形图"选项，如图 10-53 所示。

步骤 02 在插入的三维簇状柱形图中选择"图表标题"文本框，将"图表标题"修改为"不同渠道成交率数据分析"，效果如图 10-54 所示。

图 10-53 选择"三维簇状柱形图"选项

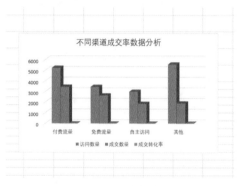

图 10-54 修改图表标题

步骤 03 选择图表，在"设计"面板的"图表样式"选项板中，选择"样式 7"选项，即可设置图表样式，效果如图 10-55 所示。

步骤 04 在工作表中选择图表标题，设置"字体"为"加粗"样式，设置字体格式；选择图表中的蓝色柱形条，单击鼠标右键，弹出快捷菜单，选择"添加数据标签"选项，即可在蓝色柱形条上添加数据标签；选择橙色柱形条，用与上同样的方法，在橙色柱形条上添加数据标签，效果如图 10-56 所示。

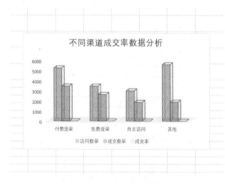

图 10-55 设置图表样式

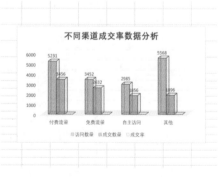

图 10-56 添加数据标签

10.3.3 分析各渠道成交率

为了使商家更清楚地分析各渠道之间的数据，可以运用 Excel 的更改图表类型功能，运用折线图突出显示店铺成交率的数据，具体操作步骤如下。

步骤 01 在工作表中选择图表，在"设计"面板的"类型"选项板中，单击"更改图表类型"按钮，弹出"更改图表类型"对话框；选择"组合"选项卡，如图 10-57 所示。

步骤 02 在"组合"选项卡右侧展开的选项中，选中"成交率"右侧的复选框，如图 10-58 所示。

图 10-57　选择"组合"选项卡　　　　图 10-58　选中"成交率"右侧的复选框

步骤 03 单击"确定"按钮，即可更改图表的类型，效果如图 10-59 所示。

步骤 04 选择图表，在"设计"面板的"图表样式"选项板中，选择"样式 2"选项，即可设置图表样式，如图 10-60 所示。

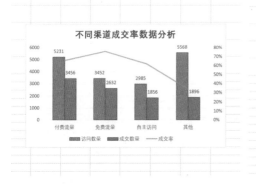
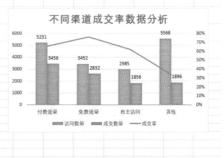

图 10-59　更改图表的类型　　　　　　图 10-60　设置图表样式

步骤 05 选择图表中的折线图，单击鼠标右键，弹出快捷菜单，选择"设置数据系列格式"选项，弹出"设置数据系列格式"面板；在面板中切换至"填充与线条"选项卡，滑动鼠标至页面最下端；选中"平滑线"复选框，如图 10-61 所示。

步骤 06 单击"设置数据系列格式"面板右上角的"关闭"按钮，关闭"设置数据系列格式"面板，即可设置线条的线条样式，效果如图10-62所示。至此，便可完成成交率统计表的制作。

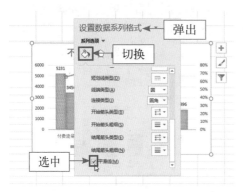

图 10-61　选中"平滑线"复选框　　　　图 10-62　设置折线的线条样式

第 11 章
减成本增利润升效益

　　现如今进入电商行业的个体和企业越来越多，对于个体而言，做电商不仅可以节省门面费用，而且运作比较自由，只要有电脑、手机随时随地可以进行买卖。

　　经营一家店铺最重要的一个环节就是采购商品，首先要分析采购商品最合适的进货价，其次在采购商品时要选择人们喜欢的商品。

11.1　采购时机分析

【知识解析】

无论是在电商平台还是在实体店中，不同的衣服在不同的季节可以卖出不同的价格，例如在冬季买夏季的衣服，这时候夏季衣服的价格会比在当季的时候购买的价格要划算得多。当然，这也不是绝对的。例如，在一些地区冬季比较暖和，可能还穿着夏季的衣服，这种情况商品的价格也不会下降。

因此，我们要根据实际情况来判断商品的采购时机，排除部分地区的特殊情况，大部分地区还是四季正常交替，每个季节都有不同的价格。商家可以根据不同的月份卖出的价格与平均价格进行对比，可以分析两者的区别。下面以某平台的数据为例，分析"双肩背包"这一类商品的价格数据。

【效果欣赏】

本实例主要介绍"商品采购时机选择表"的制作流程和具体方法，商品采购时机选择表的最终效果，如图 11-1 所示。

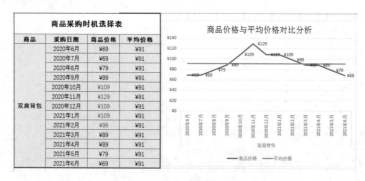

图 11-1　商品采购时机选择表

【操作过程】

（1）设置工作表的边框样式与颜色，并对工作表进行填充颜色操作。

（2）运用 Excel 的条件格式的新建规则功能，高亮显示高于平均值的数据。

（3）通过 Excel 的 AVERAGE 函数，计算商品的平均价格。

（4）在工作表中插入折线图，并修改图表标题操作。

11.1.1　创建商品采购时机选择表

商品采购时机选择表主要包含商品名称、采购日期、商品价格与平均价格等内容。下面我们以 2020 年下半年与 2021 年上半年的双肩背包采购信息为例，分析商品最佳采购时机。

步骤 01 新建一个名为"商品采购时机选择表"的工作表，并输入相关的信息内容，添加所有框线效果，并设置工作表的行高、列宽、对齐方式属性，如图 11-2 所示。

步骤 02　选定表格单元格区域，在"开始"面板的"字体"选项板中，设置字体格式，效果如图 11-3 所示。

	A	B	C	D	E	F
1		商品采购时机选择表				
2	商品	采购日期	商品价格	平均价格		
3		2020年6月	69			
4		2020年7月	69			
5		2020年8月	79			
6		2020年9月	89			
7		2020年10月	109			
8		2020年11月	129			
9	双肩背包	2020年12月	109			
10		2021年1月	109			
11		2021年2月	99			
12		2021年3月	89			
13		2021年4月	89			
14		2021年5月	79			
15		2021年6月	69			

图 11-2　新建工作表

	A	B	C	D	E	F
1		商品采购时机选择表				
2	商品	采购日期	商品价格	平均价格		
3		2020年6月	69			
4		2020年7月	69			
5		2020年8月	79			
6		2020年9月	89			
7		2020年10月	109			
8		2020年11月	129			
9	双肩背包	2020年12月	109			
10		2021年1月	109			
11		2021年2月	99			
12		2021年3月	89			
13		2021年4月	89			
14		2021年5月	79			
15		2021年6月	69			

图 11-3　设置字体格式

步骤 03　选择 A2:D15 单元格区域，在"开始"面板的"字体"选项板中，单击"边框"的下拉按钮，弹出列表框；选择"其他边框"选项，如图 11-4 所示。

步骤 04　弹出"设置单元格格式"对话框；单击"颜色"右侧的下拉按钮；在弹出的颜色面板中选择"红色"色块，如图 11-5 所示。

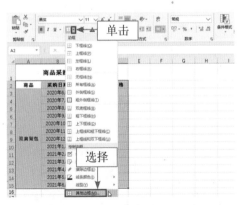

图 11-4　选择"其他边框"选项

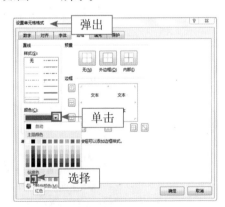

图 11-5　选择"红色"色块

步骤 05　完成线条颜色设置后，在"预置"选项区中，单击"内部"按钮，如图 11-6 所示。

步骤 06　在"样式"下选择第 2 列倒数第 2 种线条样式，如图 11-7 所示。

步骤 07　在"预置"选项区中，单击"外边框"按钮，如图 11-8 所示。

步骤 08　切换至"填充"选项卡，在"背景色"选项区中，选择"蓝色，个性色 1，淡色 80%”色块，如图 11-9 所示。

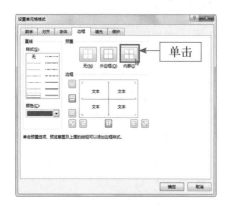

图 11-6　单击“内部”按钮

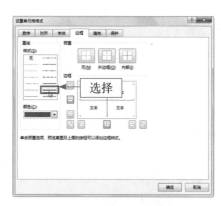

图 11-7　选择相应线条样式

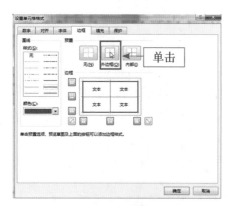

图 11-8　单击“外边框”按钮

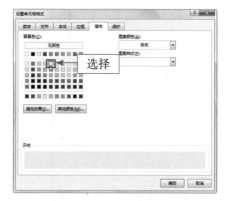

图 11-9　选择相应色块

步骤 09　单击“确定”按钮，完成对工作表填充颜色操作，效果如图 11-10 所示。

商品采购时机选择表			
商品	采购日期	商品价格	平均价格
双肩背包	2020年6月	69	
	2020年7月	69	
	2020年8月	79	
	2020年9月	89	
	2020年10月	109	
	2020年11月	129	
	2020年12月	109	
	2021年1月	109	
	2021年2月	99	
	2021年3月	89	
	2021年4月	89	
	2021年5月	79	
	2021年6月	69	

图 11-10　进行填充颜色操作

11.1.2 用函数统计商品平均价格

商家可以通过 Excel 的 AVERAGE 函数，统计商品的平均价格，商家在采购商品时，每个月的价格都有所上升或者下降，可以通过对比每个时段的单价与总体的平均价格，得出最佳的采购商品时段，下面为大家演示具体操作步骤。

步骤 01 在工作表中选择 D3 单元格，输入公式 =AVERAGE（C3:C15），如图 11-11 所示。

步骤 02 按 Enter 键确认，即可得出 D3 单元格的数据结果，计算采购商品的平均价格。选择 D3 单元格，将光标移至 D3 单元格右下角，当光标呈 ➕ 形状时，单击鼠标左键并向下拖曳至 D15 单元格，即可统计其他月份的商品平均价格，效果如图 11-12 所示。

图 11-11 输入公式　　　图 11-12 计算采购商品的月平均价格

专家提醒

除了以上方法计算商品的平均价格，还可以选择 D3 单元格，在"公式"面板的"函数库"选项板中，单击"自动求和"按钮，弹出列表框，选择"平均值"选项，在 D3 单元格系统自动输入公式，将光标移至 C3 单元格右下角，单击并拖曳至 D14 单元格，按 Enter 键确认，即可得出商品的平均价格。

步骤 03 选择 C3:D15 单元格区域，单击鼠标右键，弹出快捷菜单，选择"设置单元格格式"选项，如图 11-13 所示。

步骤 04 弹出"设置单元格格式"对话框，在对话框中切换至"数字"选项卡；在"分类"选项区中，选择"货币"选项，如图 11-14 所示。

图 11-13　选择"设置单元格格式"选项

图 11-14　选择"货币"选项

步骤05 在"示例"选项区中，设置"小数位数"为 0，如图 11-15 所示。

步骤06 单击"确定"按钮，即可设置货币格式，效果如图 11-16 所示。

图 11-15　设置"小数位数"为 0

	A	B	C	D	E
1		商品采购时机选择表			
2	商品	采购日期	商品价格	平均价格	
3		2020年6月	¥69	¥91	
4		2020年7月	¥69	¥91	
5		2020年8月	¥79	¥91	
6		2020年9月	¥89	¥91	
7		2020年10月	¥109	¥91	
8		2020年11月	¥129	¥91	
9	双肩背包	2020年12月	¥109	¥91	
10		2021年1月	¥109	¥91	
11		2021年2月	¥99	¥91	
12		2021年3月	¥89	¥91	
13		2021年4月	¥89	¥91	
14		2021年5月	¥79	¥91	
15		2021年6月	¥69	¥91	
16					
17					

图 11-16　设置货币格式

步骤07 在工作表中，选择 C3:C15 单元格区域，在"开始"面板的"样式"选项板中，单击"条件格式"按钮，如图 11-17 所示。

步骤08 弹出列表框，选择"新建规则"选项，如图 11-18 所示。

步骤09 弹出"新建格式规则"对话框，选择"仅对高于或低于平均值的数值设置格式"选项；单击"格式"按钮，如图 11-19 所示。

步骤10 弹出"设置单元格格式"对话框；单击"颜色"右侧的下拉按钮；选择"红色"色块，如图 11-20 所示。

步骤11 单击"确定"按钮，返回"新建格式规则"对话框，即可预览设置的字体颜色，如图 11-21 所示。

步骤12 单击"确定"按钮，即可将高于平均值的数值呈红色字体显示，效果如图 11-22 所示。

图 11-17　单击"条件格式"按钮

图 11-18　选择"新建规则"选项

图 11-19　选择相应选项，单击"格式"按钮

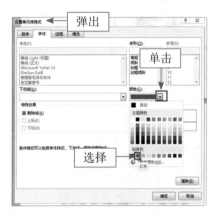

图 11-20　选择"红色"色块

图 11-21　预览字体颜色

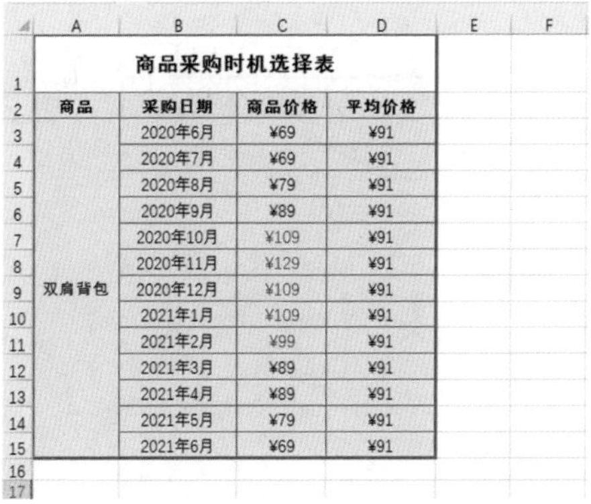

图 11-22　将高于平均值的数值呈红色字体显示

11.1.3 插入折线图对比商品价格

用户可以通过用折线图的方式对比分析商品价格与平均价格的数据信息，通过分析商品的平均价格与每次采购的商品价格得出采购商品的最佳时机，具体操作步骤如下。

步骤01 在工作表中选择 A2:D15 单元格区域，在"插入"面板的"图表"选项板中，单击"插入折线图或面积图"按钮，弹出列表框；选择"折线图"选项，即可在工作表中插入折线图，如图 11-23 所示。

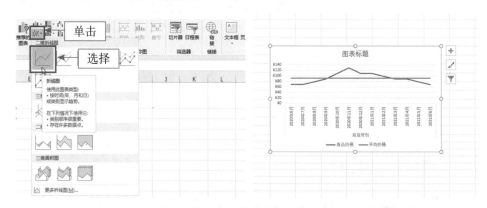

图 11-23　在工作表中插入折线图

步骤02 选择图中的"图表标题"文本框，将"图表标题"修改为"商品价格与平均价格对比分析"，即可修改图表标题，如图 11-24 所示。

步骤03 在图表中选择蓝色折线，单击鼠标右键，弹出快捷菜单，选择"添加数据标签"选项，即可在图表中添加数据标签，并调整图表的大小，如图 11-25 所示。至此，便可完成商品采购时机选择表的制作。

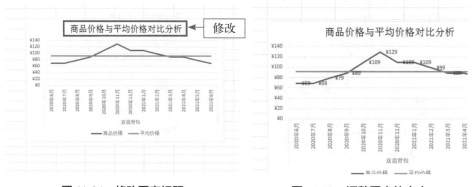

图 11-24　修改图表标题　　　　**图 11-25　调整图表的大小**

11.2　采购渠道分析

【知识解析】

无论是在实体店还是在网上店铺，店铺运营者会考虑在多种因素的情况下，同时与多个供货商进行合作。一是可以看到每家供货商的商品好坏；二是可以通过多家供货商的供货情况与自家店铺的商品销售情况，让商家对比哪一家的商品比较受顾客欢迎，有对比才有后续的营销方案。

如果某供货商确实产品质量好、价格也实惠，那么则可以在该供货商处多采购一些产品，反之如果某供货商的产品虽然价格较低但是质量不好，那么也可以选择不在该供货商处进货，这样一来还可以从其他供货商处进货，也不会导致店铺产品短缺的情况发生，所以全方位地考虑采购商品的各个渠道是很有必要的。

【效果欣赏】

本实例主要介绍"采购商品渠道统计表"的制作流程和具体方法，采购商品渠道统计表的最终效果，如图 11-26 所示。

采购商品渠道统计表								合作商家	采购次数	采购价格
订单编号	采购日期	商品名称	合作商家	价格	采购数量	采购总额			第1次	¥45
47829211011	2020/10/24	毛绒公仔	大猫玩具	¥45	80	¥3,600			第2次	¥45
47829211013	2020/11/20	毛绒公仔	大猫玩具	¥45	50	¥2,250			第3次	¥40
47829211015	2020/12/21	毛绒公仔	大猫玩具	¥40	80	¥3,200		大猫玩具	第4次	¥35
47829211017	2021/1/19	毛绒公仔	大猫玩具	¥35	100	¥3,500			第5次	¥35
47829211019	2021/2/13	毛绒公仔	大猫玩具	¥35	100	¥3,500			第6次	¥40
47829211021	2021/3/18	毛绒公仔	大猫玩具	¥40	80	¥3,200			第1次	¥39
47829211010	2020/10/15	毛绒公仔	豆丁玩具	¥39	100	¥3,900			第2次	¥39
47829211012	2020/11/7	毛绒公仔	豆丁玩具	¥39	150	¥5,850			第3次	¥40
47829211014	2020/12/5	毛绒公仔	豆丁玩具	¥40	80	¥3,200		豆丁玩具	第4次	¥55
47829211016	2021/1/4	毛绒公仔	豆丁玩具	¥55	60	¥3,300			第5次	¥50
47829211018	2021/2/1	毛绒公仔	豆丁玩具	¥50	60	¥3,000			第6次	¥45
47829211020	2021/3/5	毛绒公仔	豆丁玩具	¥45	70	¥3,150				

图 11-26　采购商品渠道统计表

【操作过程】

（1）新建一个名为"采购商品渠道统计表"的工作表，并输入相关的信息数据。

（2）运用 Excel 的套用表格格式功能，设置工作表的底纹样式效果。

（3）运用 Excel 的排序功能，以工作表的"合作商家"进行排序操作。

（4）运用 Excel 的组合键，对相关单元格区域进行复制粘贴操作。

11.2.1　创建采购商品渠道统计表

店铺在每一次进行商品采购的时候，都会详细记录关于商品采购的各项明细数据信息，便于以后核对账目以及分析店铺的运营状况等，每一次商品进货的价格也可以作为一个参考，进货次数积累到一个阶段可以查看购买商品所花金额的情况，我们可以将各项明细数据组合创建一个"采购商品渠道统计表"，具体操作步骤如下。

步骤 01 新建一个名为"采购商品渠道统计表"的工作表，并输入相关的信息内容，设置行高与列宽属性，如图 11-27 所示。

步骤 02 设置工作表的对齐方式、字体格式等属性，并为表格添加框线效果，如图 11-28 所示。

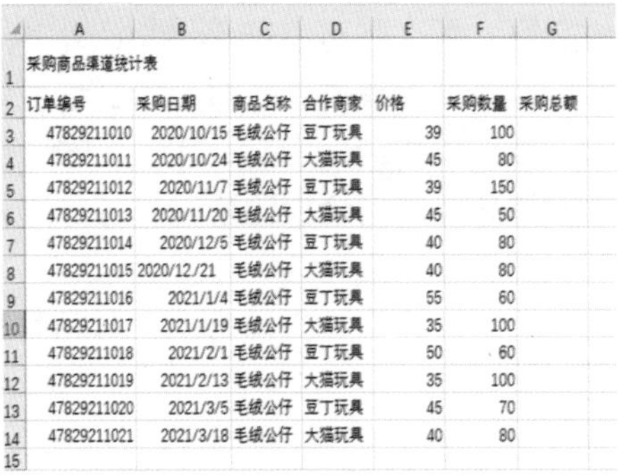

图 11-27　输入相关的信息内容

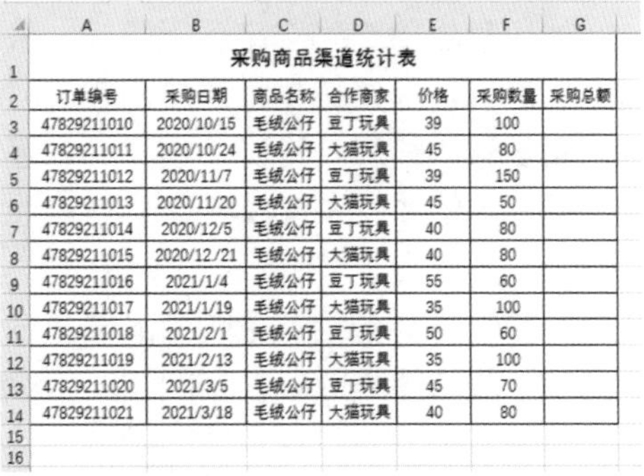

图 11-28　添加框线效果

步骤 03 选择 G3 单元格，输入公式 =PRODUCT (E3:F3)，如图 11-29 所示。

步骤 04 按 Enter 键确认，即可得出 G3 单元格的数据结果。选择 G3 单元格，将光标移至 G3 单元格右下角，当光标呈✚形状时，单击鼠标左键并向下拖曳至 G14 单元格，即可统计其他日期的采购总额，如图 11-30 所示。

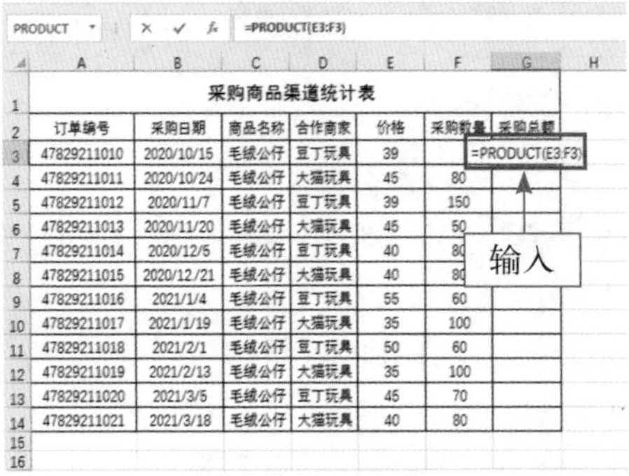

图 11-29　输入公式

图 11-30　统计相应日期的采购总额

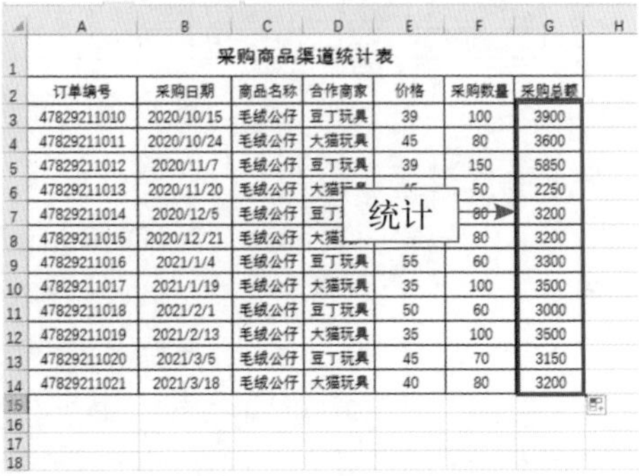

步骤 05 在工作表中，按住 Ctrl 键的同时，选择 E3:E14、G3:G14 单元格区域，单击鼠标右键，弹出快捷菜单，选择"设置单元格格式"选项，弹出"设置单元格格式"对话框，在"数字"选项卡中，设置"分类"为"货币"，设置"小数位数"为 0，如图 11-31 所示。

步骤 06 单击"确定"按钮，完成单元格的货币格式设置，效果如图 11-32 所示。

图 11-31 设置货币格式

	A	B	C	D	E	F	G	H
1	采购商品渠道统计表							
2	订单编号	采购日期	商品名称	合作商家	价格	采购数量	采购总额	
3	47829211010	2020/10/15	毛绒公仔	豆丁玩具	¥39	100	¥3,900	
4	47829211011	2020/10/24	毛绒公仔	大猫玩具	¥45	80	¥3,600	
5	47829211012	2020/11/7	毛绒公仔	豆丁玩具	¥39	150	¥5,850	
6	47829211013	2020/11/20	毛绒公仔	大猫玩具	¥45	50	¥2,250	
7	47829211014	2020/12/5	毛绒公仔	豆丁玩具	¥40	80	¥3,200	
8	47829211015	2020/12/21	毛绒公仔	大猫玩具	¥40	80	¥3,200	
9	47829211016	2021/1/4	毛绒公仔	豆丁玩具	¥55	60	¥3,300	
10	47829211017	2021/1/19	毛绒公仔	大猫玩具	¥35	100	¥3,500	
11	47829211018	2021/2/1	毛绒公仔	豆丁玩具	¥50	60	¥3,000	
12	47829211019	2021/2/13	毛绒公仔	大猫玩具	¥35	100	¥3,500	
13	47829211020	2021/3/5	毛绒公仔	豆丁玩具	¥45	70	¥3,150	
14	47829211021	2021/3/18	毛绒公仔	大猫玩具	¥40	80	¥3,200	
15								
16								

图 11-32 设置货币格式

步骤 07 选择 A1:G1 单元格区域，在"开始"面板的"字体"选项板中，单击"填充颜色"三角按钮，弹出颜色面板；选择"蓝色，个性色 5，淡色 80%"色块，如图 11-33 所示。

步骤 08 在工作表中选择 A2:G14 单元格区域，在"开始"面板的"样式"选项板中，单击"套用表格格式"按钮，弹出列表框；选择"浅蓝，表样式浅色 20"选项，如图 11-34 所示。

图 11-33 选择相应色块

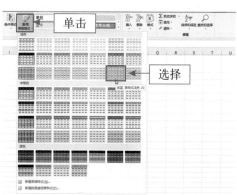

图 11-34 选择相应选项

步骤 09 在弹出的"套用表格式"对话框中单击"确定"按钮，即可设置表格样式效果。选择 G2 单元格，在"设计"面板的"表格样式选项"选项板中，选中"最后一列"复选框，如图 11-35 所示。

步骤 10 完成突出显示表中最后一列单元格的数据操作，效果如图 11-36 所示。

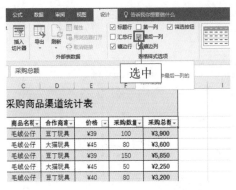

图 11-35 选中"最后一列"复选框

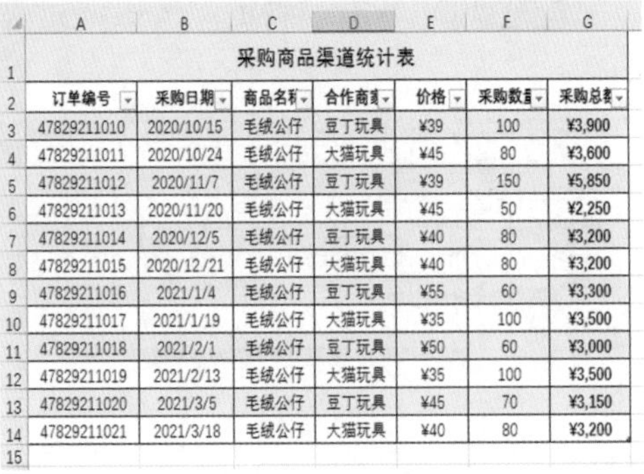

图 11-36 突出显示最后一列数据

11.2.2 对合作商家进行排序归类

有时候为了便于查看在每一家合作商采购的信息数据，可以通过 Excel 在工作表中按照合作商家进行归类排序，这样既快速又节省很多工作时间，还可以避免数据看错或者统计错误的情况发生，下面我们就来进行商家归类排序。

步骤 01 在工作表中选择 A2:G14 单元格区域，在"数据"面板的"排序和筛选"选项板中，单击"排序"按钮，如图 11-37 所示。

步骤 02 弹出"排序"对话框；单击"列"右侧的下拉按钮，弹出列表框；选择"合作商家"选项，如图 11-38 所示。

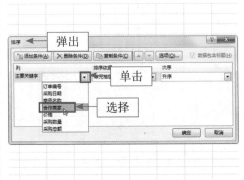

图 11-37 单击"排序"按钮

图 11-38 选择"合作商家"选项

步骤 03 单击"确定"按钮，即可将工作表按照"合作商家"进行排序操作，效果如图 11-39 所示。

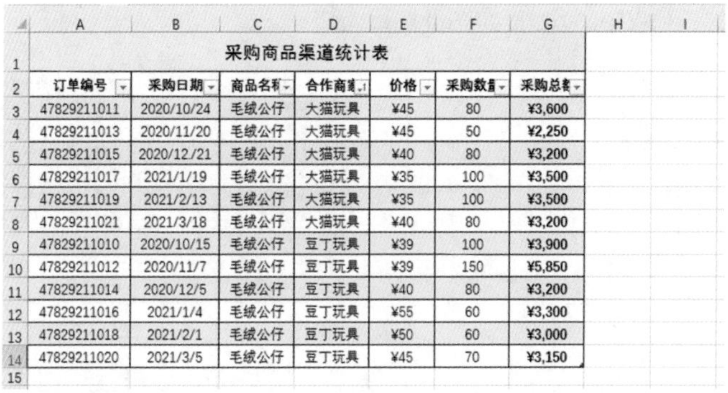

订单编号	采购日期	商品名称	合作商家	价格	采购数量	采购总额
47829211011	2020/10/24	毛绒公仔	大猫玩具	¥45	80	¥3,600
47829211013	2020/11/20	毛绒公仔	大猫玩具	¥45	50	¥2,250
47829211015	2020/12/21	毛绒公仔	大猫玩具	¥40	80	¥3,200
47829211017	2021/1/19	毛绒公仔	大猫玩具	¥35	100	¥3,500
47829211019	2021/2/13	毛绒公仔	大猫玩具	¥35	100	¥3,500
47829211021	2021/3/18	毛绒公仔	大猫玩具	¥40	80	¥3,200
47829211010	2020/10/15	毛绒公仔	豆丁玩具	¥39	100	¥3,900
47829211012	2020/11/7	毛绒公仔	豆丁玩具	¥39	150	¥5,850
47829211014	2020/12/5	毛绒公仔	豆丁玩具	¥40	80	¥3,200
47829211016	2021/1/4	毛绒公仔	豆丁玩具	¥55	60	¥3,300
47829211018	2021/2/1	毛绒公仔	豆丁玩具	¥50	60	¥3,000
47829211020	2021/3/5	毛绒公仔	豆丁玩具	¥45	70	¥3,150

图 11-39　按照“合作商家”进行排序操作

11.2.3　统计不同合作商采购价格

有时候商家会对合作商进行分批次拿货，这是为了方便对比合作商的价格以及产品，商家可以根据每家合作商的商品质量以及商品价格，分析与哪一家的合作商合作最划算。这样可以让商家知道如何从多家合作商家之间进行取舍，当然其中还应该包括商品的售卖情况。具体操作步骤如下。

步骤 01 在工作表中，单击 D2 单元格右侧的“筛选”按钮，弹出列表框，取消选中“（全选）”复选框；选中“大猫玩具”复选框，如图 11-40 所示。

步骤 02 单击“确定”按钮，此时工作表中只显示“大猫玩具”的相关信息，效果如图 11-41 所示。

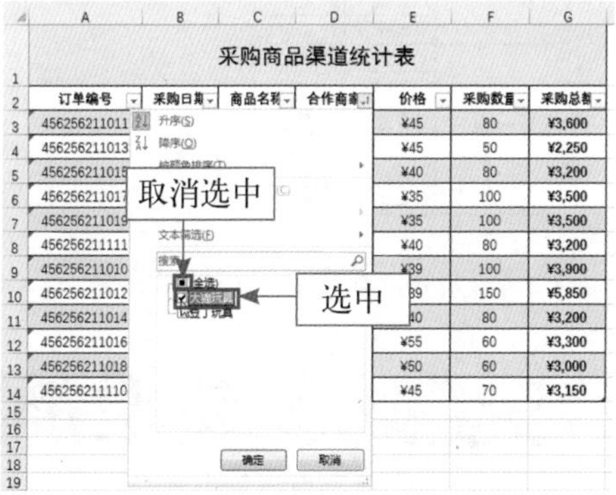

图 11-40　选中“大猫玩具”复选框

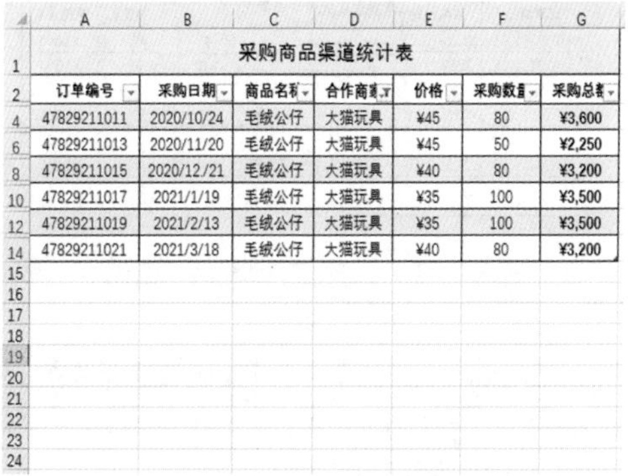

订单编号	采购日期	商品名称	合作商家	价格	采购数量	采购总额
47829211011	2020/10/24	毛绒公仔	大猫玩具	¥45	80	¥3,600
47829211013	2020/11/20	毛绒公仔	大猫玩具	¥45	50	¥2,250
47829211015	2020/12/21	毛绒公仔	大猫玩具	¥40	80	¥3,200
47829211017	2021/1/19	毛绒公仔	大猫玩具	¥35	100	¥3,500
47829211019	2021/2/13	毛绒公仔	大猫玩具	¥35	100	¥3,500
47829211021	2021/3/18	毛绒公仔	大猫玩具	¥40	80	¥3,200

图 11-41　只显示“大猫玩具”的相关信息

步骤 03 选择 A17:C29 单元格区域，在其中输入相关的信息数据，并设置行高、对齐方式属性，为表格添加所有框线效果，如图 11-42 所示。

步骤 04 选择 E3:E8 单元格区域，将 E3:E8 单元格区域的内容复制粘贴至

C18:C23 单元格区域中，效果如图 11-43 示。

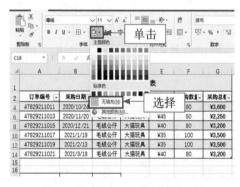

图 11-42　输入相关的数据信息

图 11-43　粘贴相关单元格区域的内容

步骤 **05**　选择 C18:C23 单元格区域，在"开始"面板的"字体"选项板中，单击"填充颜色"按钮，弹出颜色面板；选择"无填充"选项，如图 11-44 所示。

步骤 **06**　取消 C18:C23 单元格区域的填充颜色后，用与上同样的方法，粘贴相关单元格区域的内容至 C24:C29 单元格区域，并取消相关单元格区域的填充颜色，效果如图 11-45 所示。至此，便可完成采购商品渠道统计表的制作。

图 11-44　选择"无填充"选项　　　　图 11-45　复制粘贴其他单元格

11.3　进价趋势分析

【知识解析】

在市场上商品的价格并非是一成不变的，有的时候同种商品的价格可能会因为制作商品的材质价格上涨，而导致商品的价格上涨，又或者是供货商做一些活动薄利多销导致商品价格下降等情况的发生，这些因素都是导致价格波动的原因，当然还会有一些其他的原因导致商品价格出现波动。

商家在不同阶段进货时可以根据进货的价格走势，分析商家在哪一个阶段进货较划算，在价格方面比较适宜的商品就可以多进购一些。本次根据某一个淘宝网店的进货情况，分析“马克杯”在不同时段的进货价格。

【效果欣赏】

本实例主要介绍“商品进价趋势统计表”的制作流程和具体方法，商品进价趋势统计表的最终效果，如图 11-46 所示。

商品进价趋势统计表			
进货编号	商品	进货时间	进货价格
20210101-1	马克杯	2021/1/1	¥5.00
20210115-2	马克杯	2021/1/15	¥6.00
20210208-3	马克杯	2021/2/8	¥8.00
20210220-4	马克杯	2021/2/20	¥10.00
20210301-5	马克杯	2021/3/1	¥10.00
20210312-6	马克杯	2021/3/12	¥10.00
20210330-7	马克杯	2021/3/30	¥8.00
20210401-8	马克杯	2021/4/1	¥8.00
20210412-9	马克杯	2021/4/12	¥7.00
20210420-10	马克杯	2021/4/20	¥6.00
20210505-11	马克杯	2021/5/5	¥5.00
20210527-12	马克杯	2021/5/27	¥6.00

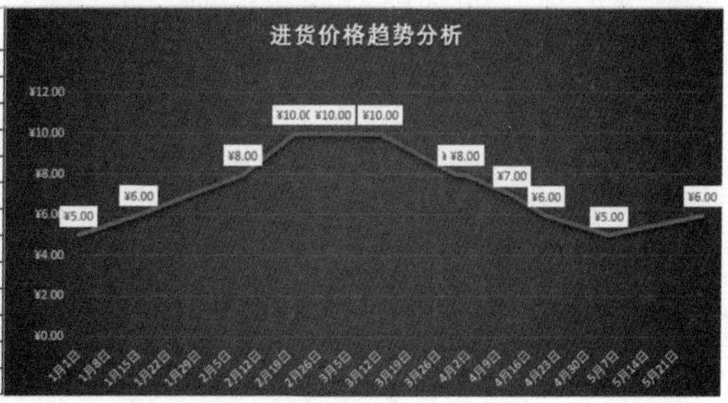

图 11-46　**商品进价趋势统计表**

【操作过程】

（1）新建一个名为“商品进价趋势统计表”的工作表，并输入相关的内容。

（2）在工作表中插入折线图，并修改图表标题，设置图表的形状轮廓等操作。

（3）设置折线图表的图表样式以及添加数据标签、更改数据标签形状等操作。

11.3.1　创建商品进价趋势统计表

商品进价趋势统计表主要包含进货编号、商品、进货时间、进货价格等内容，根据不同时间段的进货价格分析同一商品的进价趋势。

在分析进价趋势前我们要新建一个名为“商品进价趋势统计表”的工作表，在其中输入相关的信息内容，设置工作表的行高、列宽、对齐方式、字体格式等属性，并为表格添加框线效果，效果如图 11-47 所示。

	A	B	C	D	E	F	G
1	商品进价趋势统计表						
2	进货编号	商品	进货时间	进货价格			
3	20210101-1	马克杯	2021/1/1	¥5.00			
4	20210115-2	马克杯	2021/1/15	¥6.00			
5	20210208-3	马克杯	2021/2/8	¥8.00			
6	20210220-4	马克杯	2021/2/20	¥10.00			
7	20210301-5	马克杯	2021/3/1	¥10.00			
8	20210312-6	马克杯	2021/3/12	¥10.00			
9	20210330-7	马克杯	2021/3/30	¥8.00			
10	20210401-8	马克杯	2021/4/1	¥8.00			
11	20210412-9	马克杯	2021/4/12	¥7.00			
12	20210420-10	马克杯	2021/4/20	¥6.00			
13	20210505-11	马克杯	2021/5/5	¥5.00			
14	20210527-12	马克杯	2021/5/27	¥6.00			
15							

图 11-47　**新建“商品进价趋势统计表”**

11.3.2　插入折线图查看价格走势

在 Excel 中折线图表最能体现数据流动趋势，所以查看商品进价的走势情况，可以根据之前进货时的数据，在工作表中制作折线图来进行查看，具体操作步骤如下。

步骤 01 在工作表中选择 C2:D14 单元格区域，在"插入"面板的"图表"选项板中，单击"插入折线图或面积图"按钮，选择"折线图"选项，即可在工作表中插入折线图，效果如图 11-48 所示。

步骤 02 在图表中选择"进货价格"文本框，将"进货价格"修改为"进货价格趋势分析"，即可修改图表标题，如图 11-49 所示。

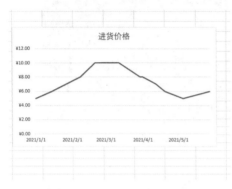

图 11-48 在图表中插入折线图

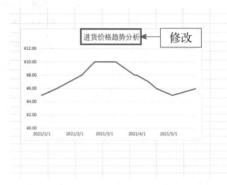

图 11-49 修改图表标题

步骤 03 在图表中选择蓝色折线，单击鼠标右键，弹出快捷菜单，选择"添加数据标签"选项，即可在图表中添加数据标签。选择图表，将光标移至图表的右下角，当光标呈 形状时，单击鼠标左键并拖曳至适当位置，即可调整图表的大小，显示每次进货时间，如图 11-50 所示。

步骤 04 选择蓝色折线上的数据标签，单击鼠标右键，弹出快捷菜单，选择"更改数据标签形状"；选择"标注：弯曲线形"选项，即可更改图表蓝色折线上的数据标签形状，如图 11-51 所示。

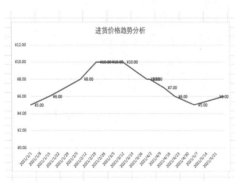

图 11-50 添加数据标签

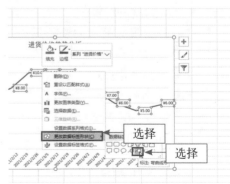

图 11-51 更改数据标签形状

步骤 05 选择蓝色折线上的数据标签，单击鼠标右键，弹出快捷菜单，选择"设置数据标签格式"选项，弹出"设置数据标签格式"面板；在"标签位置"选项区中，选中"靠上"单选按钮，如图 11-52 所示。

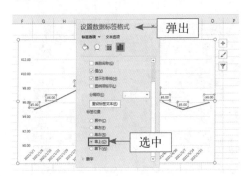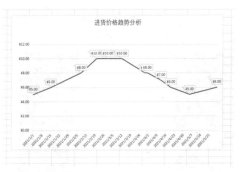

图 11-52　设置数据标签的位置

11.3.3　设计折线图分析价格趋势

为了突出折线图的效果，可以对图表进行设置图表样式等操作，可以让商家更鲜明地对比不同时间段进货价格的浮动趋势，具体操作步骤如下。

步骤 01 选择图表，在"设计"面板的"图表样式"选项板中，选择"样式 7"选项，设置图表样式，如图 11-53 所示。

步骤 02 在图表中选择"水平(类别)轴"选项，单击鼠标右键,弹出快捷菜单，选择"设置坐标轴格式"选项，如图 11-54 所示。

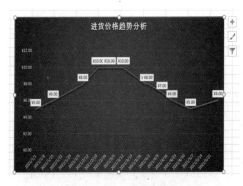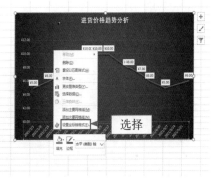

图 11-53　设置图表样式　　　　图 11-54　选择"设置坐标轴格式"选项

步骤 03 在弹出的"设置坐标轴格式"面板单击"数字"左侧的倒三角按钮，在展开的选项中，单击"类型"右侧的倒三角按钮，选择"3 月 14 日"选项，如图 11-55 所示。

步骤 **04** 完成日期类型设置后，单击"设置坐标轴格式"面板右上角的"关闭"按钮，关闭"设置坐标轴格式"面板，效果如图 11-56 所示。至此，便可完成商品进价趋势统计表的制作。

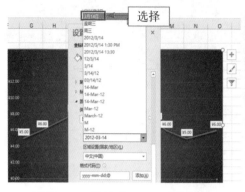

图 11-55　选择"3月14日"选项　　　　　　图 11-56　设置坐标轴格式

11.4　热销商品搜索分析

【知识解析】

产品的生命周期一共分为 4 个阶段，分别是导入期、成长期、成熟期和衰退期，每个阶段都代表着商品不同的发展趋势，每一家店铺在售卖商品时，都会由最开始的导入期开始，慢慢地走向成熟最后进入衰退期。下面以阿里指数的数据为例，分析商品搜索量在每个阶段的趋势。

【效果欣赏】

本实例主要介绍"热销商品搜索统计表"的制作流程和具体方法，热销商品搜索统计表的最终效果，如图 11-57 所示。

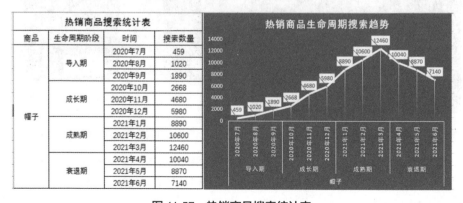

图 11-57　热销商品搜索统计表

【操作过程】

（1）新建一个“热销商品搜索统计表”的工作表，并输入相关的信息内容。

（2）设置工作表的对齐方式、字体格式属性，以及为表格添加框线效果。

（3）在工作表中插入折线图，并添加数据标签、更改数据标签的形状。

（4）设置图表标题的字体格式以及设置图表数据标签的格式。

11.4.1 创建热销商品搜索统计表

热销商品搜索统计表主要包含商品、生命周期阶段、时间以及搜索数量等内容，通过不同阶段的商品搜索数量进行对比，分析同一商品不同阶段的搜索数量情况，根据商品搜索量的上涨与下降的趋势分析商品生命周期的状态。

下面我们以帽子为例，新建一个名为“热销商品搜索统计表”的工作表，在其中输入相关的信息内容，设置行高、列宽，工作表的对齐方式、字体格式等属性，并为表格添加框线效果，如图 11-58 所示。

热销商品搜索统计表			
商品	生命周期阶段	时间	搜索数量
帽子	导入期	2020年7月	459
		2020年8月	1020
		2020年9月	1890
	成长期	2020年10月	2668
		2020年11月	4680
		2020年12月	5980
	成熟期	2021年1月	8890
		2021年2月	10600
		2021年3月	12460
	衰退期	2021年4月	10040
		2021年5月	8870
		2021年6月	7140

图 11-58 创建热销商品统计表

11.4.2 查看商品生命周期搜索趋势

创建了热销商品搜索统计表之后，运营者和商家可以在表中看到商品在每个阶段的时间不同，搜索量也不同，可以根据 Excel 的折线图查看各阶段的搜索量趋势和商品生命周期搜索趋势。折线图的制作方法如下。

步骤 01 在工作表中选择 A2:D14 单元格区域，在“插入”面板的“图表”选项板中，单击“插入折线图或面积图”按钮，在弹出列表框；选择“二维折线图”下方的“折线图”选项，如图 11-59 所示。

步骤 02 在插入的折线图表中选择“搜索数量”文本框，将“搜索数量”修改为“热销商品生命周期搜索趋势”，并设置字体格式，效果如图 11-60 所示。

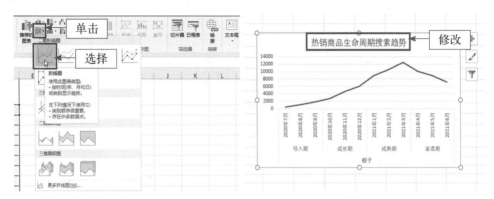

图 11-59　插入折线图　　　　　　图 11-60　修改图表标题

11.4.3　设置工作表的图表样式效果

上述在工作表中插入了折线图，但是在图表中数据显示得不够明确，整体不够美观，只能看出折线曲线的大致轮廓。我们可以通过设置图表样式与添加数据标签，使图表看上去更加美观，具体步骤如下。

步骤 01　选择图表，在"设计"面板的"图表样式"选项板中，选择"样式3"选项，即可设置图表样式，效果如图 11-61 所示。

步骤 02　在图表中选择折线，单击鼠标右键，在弹出的快捷菜单选择"添加数据标签"选项，即可在图表中添加数据标签。选择折线上的数据标签，单击鼠标右键，弹出快捷菜单，选择"更改数据标签形状"，选择"标注：线形（带强调线）"选项，效果如图 11-62 所示。

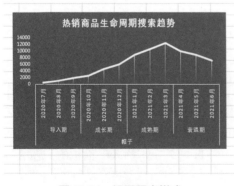

图 11-61　设置图表样式

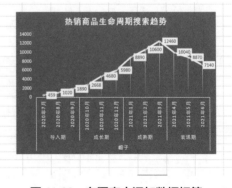

图 11-62　在图表中添加数据标签

步骤 03　按照前文的方法，选择折线上的数据标签，设置数据标签格式靠上，效果如图 11-63 所示。

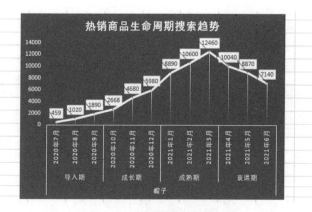

图 11-63　设置数据标签格式

专家提醒

　　除了用以上方法设置数据标签位置，还可以在"设计"面板的"图表布局"选项板中，单击"添加图表元素"按钮，弹出列表框，选择"数据标签"。在选项栏中选择"数据标签外"选项，即可设置数据标签位置。

11.5　热销商品利润分析

【知识解析】

　　商品成交量与利润是成正比的，成交量越大利润越大。商家最重视的就是每天店铺的盈利情况，不过商家在卖的每一种商品都会有生命周期，每个阶段的成交量不同所造成的利润也会不同。如果某个月成交量下降导致利润减少，那么店家就得考虑各种因素导致这种情况的发生，并根据商品的生命周期数据情况，分析各个有可能导致的原因，制定相应的解决办法。

【效果欣赏】

　　本实例主要介绍"热销商品利润统计表"的制作流程和具体的方法，热销商品利润统计表的最终效果，如图 11-64 所示。

【操作过程】

　　（1）新建一个名为"热销商品利润统计表"的工作表，输入信息内容，设置工作表单元格的背景颜色，并为表格添加所有框线效果。

　　（2）在工作表中插入组合图，并填充图表标题颜色等操作。

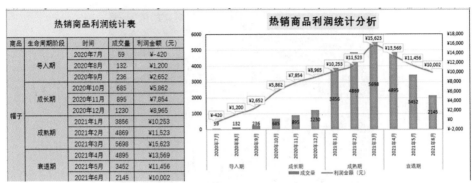

图 11-64　热销商品利润统计表

11.5.1　创建热销商品利润统计表

热销商品利润统计表主要包含商品、生命周期阶段、时间、成交量与利润金额（元）等内容，商家可以创建表格查看某一阶段商品成交情况与所得利润，制订合适的销售计划。创建热销商品利润统计表的具体步骤如下。

步骤① 新建一个名为"热销商品利润统计表"的工作表，在其中输入相关的信息内容，设置行高、列宽、工作表的对齐方式、字体格式等属性，并为表格添加框线效果，如图 11-65 所示。

步骤② 选择 A1:E1 单元格区域，在"开始"面板的"字体"选项板中，单击"填充颜色"按钮，弹出颜色面板；选择"绿色，个性色6，淡色80%"色块，如图 11-66 所示。

商品	生命周期阶段	时间	成交量	利润金额（元）
		2020年7月	59	¥-420
	导入期	2020年8月	132	¥1,200
		2020年9月	236	¥2,652
		2020年10月	685	¥5,862
	成长期	2020年11月	895	¥7,854
		2020年12月	1230	¥8,965
帽子		2021年1月	3856	¥10,253
	成熟期	2021年2月	4869	¥11,523
		2021年3月	5698	¥15,623
		2021年4月	4895	¥13,569
	衰退期	2021年5月	3452	¥11,456
		2021年6月	2145	¥10,002

图 11-65　输入相关的信息内容

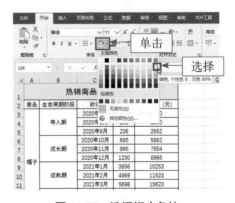

图 11-66　选择相应色块

步骤③ 填充 A1:E1 单元格区域的颜色后，用与上同样的方法，用不同色块填充其他相关单元格，效果如图 11-67 所示。

步骤 ④　选择 E3:E15 单元格区域，弹出"设置单元格格式"对话框，在"数字"选项卡中设置"分类"为"货币"、"小数位数"为 0，单击"确定"按钮，即可设置货币格式，效果如图 11-68 所示。

	热销商品搜索统计表			
商品	生命周期阶段	时间	成交量	利润金额（元）
	导入期	2020年7月	59	-420
		2020年8月	132	1200
		2020年9月	236	2652
	成长期	2020年10月	685	5862
		2020年11月	895	7854
帽子		2020年12月	1230	8965
	成熟期	2021年1月	3856	10253
		2021年2月	4869	11523
		2021年3月	5698	15623
	衰退期	2021年4月	4895	13569
		2021年5月	3452	11456
		2021年6月	2145	10002

图 11-67　填充其他相关单元格的颜色

	热销商品搜索统计表			
商品	生命周期阶段	时间	成交量	利润金额（元）
	导入期	2020年7月	59	¥-420
		2020年8月	132	¥1,200
		2020年9月	236	¥2,652
	成长期	2020年10月	685	¥5,862
		2020年11月	895	¥7,854
帽子		2020年12月	1230	¥8,965
	成熟期	2021年1月	3856	¥10,253
		2021年2月	4869	¥11,523
		2021年3月	5698	¥15,623
	衰退期	2021年4月	4895	¥13,569
		2021年5月	3452	¥11,456
		2021年6月	2145	¥10,002

图 11-68　设置货币格式

11.5.2　设置组合图查看商品数据

在"热销商品利润统计表"的工作表，可以看到利润的数据是有负有正，我们可以根据 Excel 的图表数据添加组合图突出显示利润数据，显示利润增长变化趋势，具体操作步骤如下。

步骤 ①　选择 B2:E15 单元格区域，在"插入"面板的"图表"选项板中，单击"插入组合图"按钮；在弹出的列表框中选择"簇状柱形图 - 折线图"选项，如图 11-69 所示。

步骤 ②　在插入的图表中选择"图表标题"文本框，将"图表标题"修改为"热销商品利润统计分析"，即可修改图表标题，效果如图 11-70 所示。

图 11-69　插入组合图

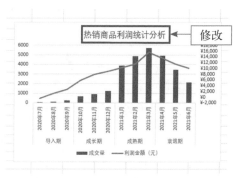

图 11-70　修改图表标题

步骤⑬ 选择图表，将光标移至图表的右下角，光标呈⟍形状时，单击鼠标左键并拖曳至适当位置，即可调整图表的大小。选择图表中的橙色折线，单击鼠标右键，弹出快捷菜单，选择"添加数据标签"选项，即可在图表中添加数据标签，效果如图 11-71 所示。

步骤⑭ 选择橙色折线上的数据标签，单击鼠标右键，弹出快捷菜单，选择"更改数据标签形状"；选择"对话气泡：矩形"选项，如图 11-72 所示。

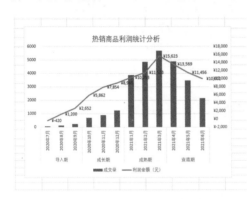

图 11-71　在图表中添加数据标签

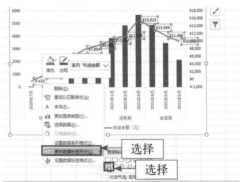

图 11-72　选择相应选项

步骤⑮ 选择橙色折线上的数据标签，单击鼠标右键，弹出快捷菜单，选择"设置数据标签格式"选项，弹出"设置数据标签格式"面板，在"标签位置"选项区中选中"靠上"单选按钮，即可设置数据标签的位置，如图 11-73 所示。

步骤⑯ 选择橙色折线，单击鼠标右键，弹出快捷菜单，选择"设置数据系列格式"选项，如图 11-74 所示。

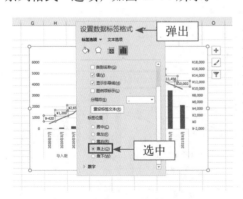

图 11-73　选中"靠上"单选按钮

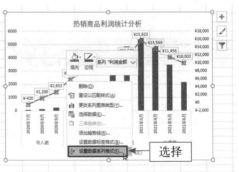

图 11-74　选择"设置数据系列格式"选项

步骤⑰ 弹出"设置数据系列格式"面板；选择"填充与线条"选项卡，在展开的"线条"选项区中；选中"平滑线"复选框，如图 11-75 所示。

步骤⑧ 单击"设置数据系列格式"面板右上角的"关闭"按钮，关闭"设置数据系列格式"面板，即可设置利润折线的线条样式，效果如图 11-76 所示。

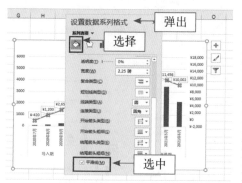

图 11-75 选中"平滑线"复选框

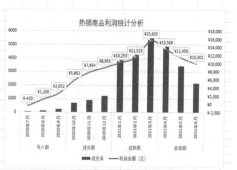

图 11-76 设置利润折线的线条样式

11.5.3 分析商品周期的利润趋势

商品生命周期采购分析就是对比利润与成交量的趋势，分析两者的关系，摸清规律，让商家根据商品的每一阶段的收益，判断商品的发展趋势，具体操作步骤如下。

步骤① 选择蓝色柱形条，单击鼠标右键，弹出快捷菜单，选择"添加数据标签"选项，即可在蓝色柱形条上添加数据标签；再按照前文所述步骤调整数据标签位置为"居中"，效果如图 11-77 所示。

步骤② 选择图表，在"设计"面板的"图表样式"选项板中，选择"样式 2"选项，即可设置图表样式，效果如图 11-78 所示。

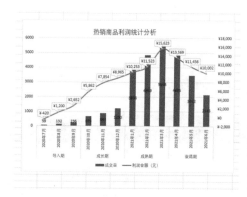

图 11-77 添加数据标签并调整位置

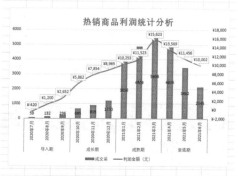

图 11-78 设置图表样式

步骤③ 选择图表，在"格式"面板的"形状样式"选项板中，选择"彩

色轮廓 - 黑色，深色 1"选项，即可设置图表形状样式，如图 11-79 所示。

步骤 04 选择图表标题，单击鼠标右键，弹出快捷菜单，选择"设置图表标题格式"选项，弹出"设置图表标题格式"面板；单击"颜色"右侧的按钮，弹出颜色面板；选择"蓝色，个性色 5，淡色 80%"色块，如图 11-80 所示。

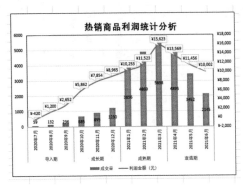

图 11-79　设置图表形状样式

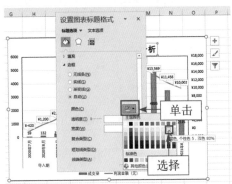

图 11-80　选择相应选项

步骤 05 关闭"设置图表标题格式"面板，显示效果如图 11-81 所示。至此，完成热销商品利润统计表的制作。

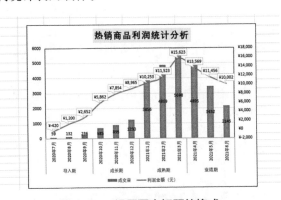

图 11-81　设置图表标题的格式

11.6　热销商品款式分析

【知识解析】

随着时代的变迁，很多商品都不像以前那样款式单一，现在不同地区的人生活水平不同、生活习惯不同，所购买的商品款式自然也不同。正所谓"萝卜青菜各有所爱"，不同的顾客有不同的需求，如果同种商品的一种款式被多个顾客购买，那么这一款式的商品肯定符合较多的顾客口味。

商家可以根据销售情况将大多数人喜欢的商品款式多进购一些，这样可以为店铺增强人气增加销售额。也可以根据热销款式的分析，制订相关的运营计划，提高销售业绩。下面以女鞋销售为例，分析相关的数据信息。

【效果欣赏】

本实例主要介绍“热销商品款式统计表”的制作流程和具体方法，热销商品款式统计表的最终效果，如图 11-82 所示。

热销商品款式统计表

订单编号	商品名称	商品款式	备注
325652365231	女鞋	帆布鞋	
	帆布鞋 计数	1	
325652365234	女鞋	马丁靴	
325652365237	女鞋	马丁靴	
325652365240	女鞋	马丁靴	
325652365244	女鞋	马丁靴	
	马丁靴 计数	4	
325652365230	女鞋	小白鞋	
325652365239	女鞋	小白鞋	
325652365242	女鞋	小白鞋	
325652365243	女鞋	小白鞋	
	小白鞋 计数	4	
325652365233	女鞋	雪地靴	
325652365236	女鞋	雪地靴	
325652365245	女鞋	雪地靴	
	雪地靴 计数	3	
325652365232	女鞋	长靴	
325652365235	女鞋	长靴	
325652365238	女鞋	长靴	
325652365241	女鞋	长靴	
325652365246	女鞋	长靴	
325652365247	女鞋	长靴	
	长靴 计数	6	
	总计数	18	

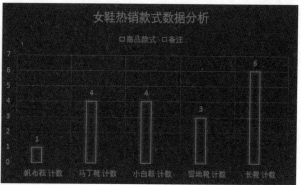

图 11-82 **热销商品款式统计表**

【操作过程】

（1）新建一个名为“热销商品款式统计表”的工作表，并输入相关的内容。

（2）运用 Excel 的排序功能，按照工作表的“商品款式”进行排序操作。

（3）运用 Excel 的分类汇总功能，对“商品款式”进行数据汇总操作。

（4）在工作表中插入柱形图，并对图表进行快速布局等操作。

11.6.1 创建热销商品款式统计表

热销商品款式统计表主要是分析顾客购买的商品款式，根据顾客购买较多的那一种款式，决定商家进货方向，更便于商家查看哪一类商品卖得更火，哪些商品卖得较差，根据实际情况具体分析。

我们数据分析的第一步是新建一个名为“热销商品款式统计表”的工作表，在其中输入相关的信息内容，设置行高、列宽，设置工作表的对齐方式、字体格式等属性，并为表格添加框线效果，如图 11-83 所示。

	A	B	C	D
1	热销商品款式统计表			
2	订单编号	商品名称	商品款式	备注
3	325652365230	女鞋	小白鞋	
4	325652365231	女鞋	帆布鞋	
5	325652365232	女鞋	长靴	
6	325652365233	女鞋	雪地靴	
7	325652365234	女鞋	马丁靴	
8	325652365235	女鞋	长靴	
9	325652365236	女鞋	雪地靴	
10	325652365237	女鞋	马丁靴	
11	325652365238	女鞋	长靴	
12	325652365239	女鞋	小白鞋	
13	325652365240	女鞋	马丁靴	
14	325652365241	女鞋	长靴	
15	325652365242	女鞋	小白鞋	
16	325652365243	女鞋	小白鞋	
17	325652365244	女鞋	马丁靴	
18	325652365245	女鞋	雪地靴	
19	325652365246	女鞋	长靴	
20	325652365247	女鞋	长靴	
21				

图 11-83 **为表格添加框线效果**

11.6.2 统计热销商品款式成交量

为了便于统计不同款式的成交量，可以通过 Excel 的分类汇总功能进行数据统计，分类汇总可以快速将各个不同款式的商品进行统计，可以为商家节约时间，提高工作效率，具体操作步骤如下。

步骤 01 选择 A2:D20 单元格区域，在"数据"面板的"排序和筛选"选项板中，单击"排序"按钮，弹出"排序"对话框；单击"列"下方右侧的下拉按钮，弹出列表框；选择"商品款式"选项，如图 11-84 所示。

步骤 02 单击"确定"按钮，即完成对工作表的排序操作，效果如图 11-85 所示。

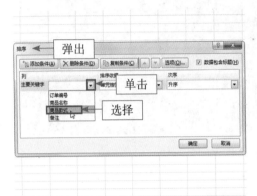

图 11-84 选择"商品款式"选项　　图 11-85 对工作表进行排序操作

步骤 03 选择 A2:D20 单元格区域，在"数据"面板的"分级显示"选项板中，单击"分类汇总"按钮，弹出"分类汇总"对话框；单击"分类字段"右侧的下拉按钮；选择"商品款式"选项，如图 11-86 所示。

步骤 04 在"分类汇总"对话框中，单击"汇总方式"右侧的下拉按钮；弹出列表框，选择"计数"选项，如图 11-87 所示。

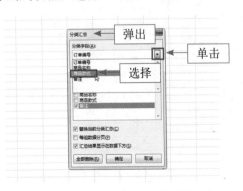

图 11-86 选择"商品款式"选项　　图 11-87 选择"计数"选项

步骤 ⑤　在"分类汇总"对话框中的"选定汇总项"下方选中"商品款式"复选框、取消选中"备注"复选框，如图 11-88 所示。

步骤 ⑥　单击"确定"按钮，即可统计不同款式的成交量，如图 11-89 所示。

图 11-88　选中"商品款式"复选框　　　　图 11-89　统计不同款式的成交量

11.6.3　插入不同款式销售柱形图

上述统计了不同款式的成交量，下面我们就用柱形图来对比各款式成交量，分析各款式的销售情况，具体步骤如下。

步骤 ⑴　在工作表中左侧展现的是各分级按钮，单击"热销商品款式统计表"左侧"二级标题"按钮，在各分级按钮右侧的工作表中，即可显示所有分类汇总数据，效果如图 11-90 所示。

步骤 ⑵　在当前工作表显示的单元格数据中选择 A2:D25 单元格区域，在"插入"面板的"图表"选项板中，单击"插入柱形图或条形图"按钮，如图 11-91 所示。

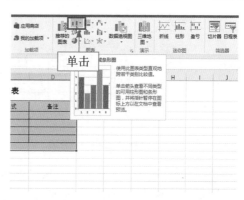

图 11-90　显示所有分类汇总数据　　　　图 11-91　单击"插入柱形图或条形图"按钮

步骤 03 弹出列表框，选择"簇状柱形图"选项，即可在工作表中插入柱形图表，效果如图 11-92 所示。

步骤 04 选择图表中的"图表标题"文本框，将标题修改为"女鞋热销款式数据分析"，效果如图 11-93 所示。

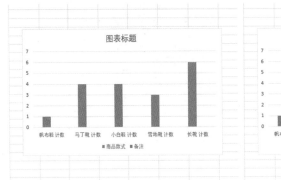

图 11-92 在工作表中插入柱形图表

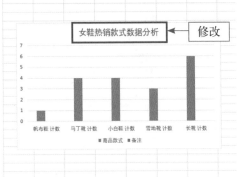

图 11-93 修改图表标题

步骤 05 选择图表，在"设计"面板的"图表样式"选项板中，单击"快速布局"按钮，弹出列表框；选择"布局 2"选项，即可对图表进行快速布局操作，如图 11-94 所示。

步骤 06 选择图表，在"设计"面板的"图表样式"选项板中，选择"样式 12"选项，即可设置图表样式，效果如图 11-95 所示。

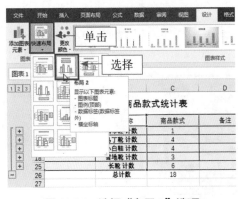

图 11-94 选择"布局 2"选项

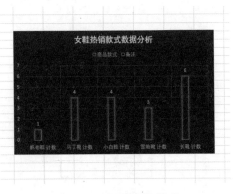

图 11-95 设置图表样式

步骤 07 选择图表，在"格式"面板的"艺术字样式"选项板中，选择"填充：蓝色，主题色 1；阴影"选项，如图 11-96 所示。

步骤 08 完成设置图表的艺术字样式后，最终效果如图 11-97 所示。至此，便可完成热销商品款式统计表的制作。

图 11-96　选择相应选项

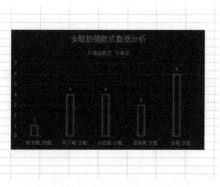

图 11-97　设置图表的艺术字样式

11.7　热销商品颜色分析

【知识解析】

市场上的商品琳琅满目，商品的颜色更是多种多样，例如卖服装的商家，在进货的时候，不可能只进一种颜色的衣服，因为商家无法确定顾客喜欢的衣服颜色是否都一样。所以要根据多种颜色的销售情况，来推断顾客的穿着喜好。对于女包来说更要统计顾客喜欢的颜色，因为每一种颜色的包都要搭配相符的颜色的衣服，下面以女包为例，对各种颜色的女包成交量进行分析。

【效果欣赏】

本实例主要介绍"热销商品颜色统计表"的制作流程和具体方法，热销商品颜色统计表的最终效果，如图 11-98 所示。

热销商品颜色统计表

热销商品	女包							
热销颜色	红色	黑色	酒红色	杏色	紫色	墨绿色	浅蓝色	白色
商品成交量	1452	6589	3254	552	289	146	1023	3562
成交比例	9%	39%	19%	3%	2%	1%	6%	21%

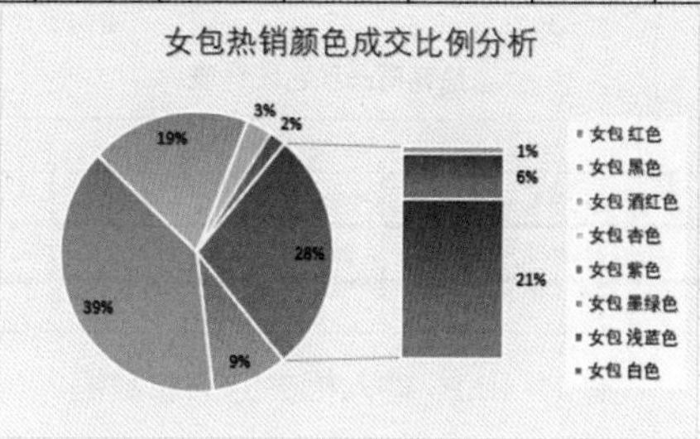

图 11-98　热销商品颜色统计表

【操作过程】

（1）新建一个名为"热销商品颜色统计表"的工作表，并输入相关内容。

（2）运用 Excel 的 ROUND 函数，计算商品各种颜色成交量的占比数据。

（3）在工作表中插入复合条饼图，设置图表的图表样式等操作。

11.7.1 创建热销商品颜色统计表

热销商品颜色统计表主要包含热销商品、热销颜色、商品成交量与成交比例等内容，根据同种产品不同颜色的成交量分析人们的爱好。

我们先新建一个名为"热销商品颜色统计表"的工作表，在其中输入相关的信息内容，设置行高、列宽，设置工作表的对齐方式、字体格式等属性，并为表格添加框线效果，如图 11-99 所示。

热销商品颜色统计表								
热销商品	女包							
热销颜色	红色	黑色	酒红色	杏色	紫色	墨绿色	浅蓝色	白色
商品成交量								
成交比例								

图 11-99　新建"热销商品颜色统计表"

11.7.2 统计热销商品颜色成交量

每个人喜欢的颜色都不一样，所购买的商品颜色也会不同，商家为了更确切地知道人们大致喜欢的颜色，需要统计商品各种颜色的成交量。下面我们以女包销售颜色统计为例进行操作。

步骤 01 在工作表中，选择 B4:I4 单元格区域，在其中输入相关的信息数据，如图 11-100 所示。

热销商品颜色统计表								
热销商品	女包							
热销颜色	红色	黑色	酒红色	杏色	紫色	墨绿色	浅蓝色	白色
商品成交量	1452	6589	3254	552	289	146	1023	3562
成交比例								

← 输入

图 11-100　输入相关的信息数据

步骤 02 选择 B5 单元格，在单元格中输入公式 =ROUND（B4/SUM（B4:I4）

,2），按 Enter 键确认，即可得出 B5 单元格的数据结果，如图 11-101 所示。

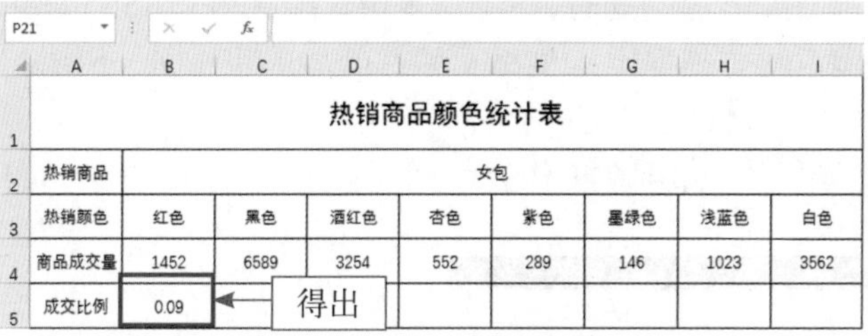

图 11-101　女包成交量的占比数据

步骤 03　选择 B5 单元格，将光标移至 B5 单元格右下角，当光标呈 ➕ 形状时，单击鼠标左键并向右拖曳至 I5 单元格，即可统计其他颜色的女包成交量占比数据，如图 11-102。

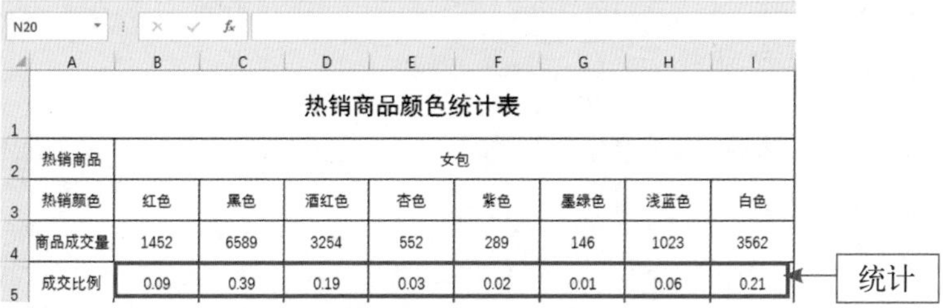

图 11-102　其他颜色的女包成交量占比数据

步骤 04　选择 B5:I5 单元格区域，调出"设置单元格格式"对话框，在"数字"选项卡中，设置"分类"为"百分比"，"小数位数"为 0，即可设置百分比格式，效果如图 11-103 所示。

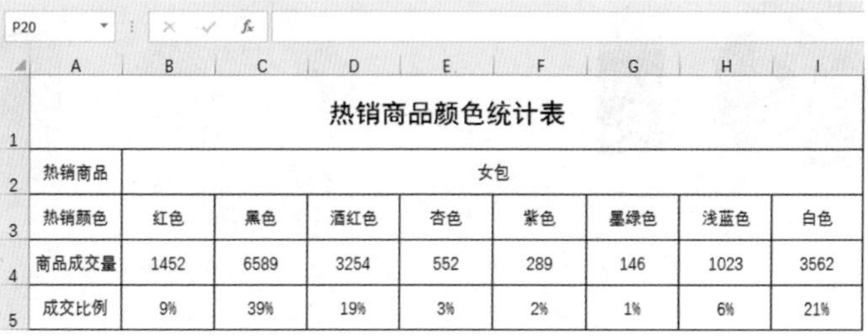

图 11-103　设置百分比格式

11.7.3　插入复合条形图分析数据

在计算了不同颜色的女包占所有成交量的占比数据之后，商家可以根据各种颜色的销售比例在工作表中插入饼图，根据饼图分析不同颜色的销售比例，这样可以使各数据看上去结构清晰，具体操作步骤如下。

步骤 01 按住 Ctrl 键的同时，在工作表中选择 A2:I3、A5:I5 单元格区域，在"插入"面板的"图表"选项板中，单击"插入饼图或圆环图"按钮，弹出列表框；选择"复合条饼图"选项，如图 11-104 所示。

步骤 02 操作完成即可在工作表中插入复合条饼图，效果如图 11-105 所示。

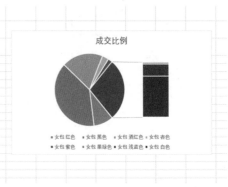

图 11-104　选择"复合条饼图"选项　　　　图 11-105　在工作表中插入复合条饼图

步骤 03 在图表中选择"成交比例"文本框，将"成交比例"修改为"女包热销颜色成交比例分析"，即可修改图表标题，如图 11-106 所示。

步骤 04 选择图表，在"设计"面板的"图表样式"选项板中，选择"样式 6"选项，即可设置图表样式，效果如图 11-107 所示。

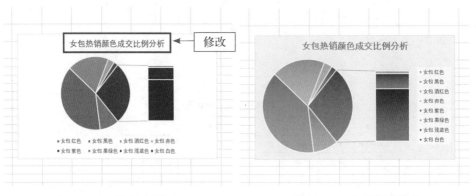

图 11-106　修改图表标题　　　　　　　　图 11-107　设置图表样式

步骤 05 选择图表中的饼图，单击鼠标右键，弹出快捷菜单，选择"添加数据标签"选项，即可在图表中添加数据标签，效果如图 11-108 所示。

步骤 06 选择图表，在"格式"面板的"艺术字样式"选项板中，选择"填充：黑色，文本色1，阴影"选项，即可设置图表的艺术字样式，最终效果如图 11-109 所示。至此，便可完成热销商品颜色统计表的制作。

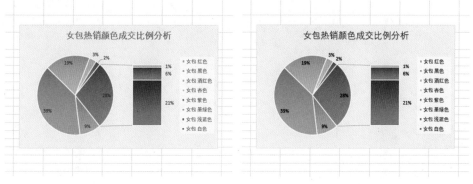

图 11-108　在图表中添加数据标签　　　图 11-109　设置图表艺术字样式

第 12 章

用数据玩转商品销售

　　店铺的销量可以直接影响店铺的销售额，店铺销售额与店铺的盈亏息息相关。那么商家要如何用数据玩转商品销售获得盈利呢？

　　本章将带大家一起分析商品销售量、亏本商品以及商品退货退款 3 个方面的数据，从而提升商品销量，让店铺获得更多的盈利。

12.1 商品销售量分析

【知识解析】

在电商平台中，每一家店铺的运营人员都会统计店铺的销售情况。通常来说，商品销售量统计表是根据店铺的售卖情况进行统计。店铺运营人员每天会根据当天的销量情况制作表格进行登记。

下面就以某家淘宝店铺的销售数据详情为例，介绍设置店铺商品销售量统计表的一系列操作。

【效果欣赏】

本实例主要介绍"商品销售量统计表"的制作流程和具体方法，商品销售量统计表的最终效果，如图 12-1 所示。

商品销售量统计表

订单编号	淘宝昵称	商品名称	联系方式	收货人	收货地址	总金额
1134444434036515719	小叶子	简约单肩包	182xxxx3652	李玲	湖南省长沙市岳麓区	¥ 139.00
1178562534265515719	白云朵	复古双肩包	156xxxx4142	赵一	湖南省长沙市芙蓉区	¥ 268.00
1136078437685515719	大牛牛	小香风手提包	178xxxx1256	龚婷	广东省深圳市龙岗区	¥ 168.00
1134444434034515719	小土豆	时尚斜挎包	195xxxx1234	李红	湖南省永州市冷水滩	¥ 189.00
1133381458865515719	珍珠	小方包	133xxxx8952	方圆	广东省深圳市宝安区	¥ 168.00
1133381458895515719	春天里	韩版斜挎包	186xxxx3402	李古	湖南省长沙市雨花区	¥ 99.00
1187416998025515719	淘气猫	个性链条包	133xxxx5689	陈丽	湖南省长沙市天心区	¥ 89.00
9901514217915515719	木子林	可爱手机包	155xxxx4561	肖云	广东省深圳市龙岗区	¥ 69.00
1134444434033515719	爱笑的你	渐变单肩包	155xxxx4562	彭晓	湖南省长沙市岳麓区	¥ 268.00
1133381458905515719	m123456	信封手提包	133xxxx5689	李倩	广东省深圳市龙岗区	¥ 128.00
1136017843716955719	温某11	斜挎贝壳包	145xxxx2563	金莹	湖南省长沙市岳麓区	¥ 99.00

图 12-1   商品销售量统计表

【操作过程】

（1）新建一个名为"商品销售量统计表"的工作表，并输入相关的信息内容，设置工作表的行高与列宽、字体格式属性，并设置工作表的表格样式。

（2）通过 Excel 的冻结窗格功能，对工作表的表头进行冻结操作。

12.1.1 创建商品销售量统计表

商品销售量统计表主要是通过对买家下单后产生的详细数据进行统计，其中包括记录订单编号、淘宝昵称、商品名称、联系方式、收货人、收货地址及总金额等数据，将数据留档以便于随时可以查找，下面我们以某淘宝店铺为例创建表格。

步骤 01 新建一个名为"商品销售量统计表"的工作表，在其中输入相关的信息内容，设置行高与列宽属性、工作表的对齐方式、字体格式等属性，并为表格添加框线效果，如图 12-2 所示。

P27			×	✓	fx		

商品销售量统计表

订单编号	淘宝昵称	商品名称	联系方式	收货人	收货地址	总金额
113444434036515719	小叶子	简约单肩包	182xxxx3652	李玲	湖南省长沙市岳麓区	139
117856253426515719	白云朵	复古双肩包	156xxxx4142	赵一	湖南省长沙市芙蓉区	268
113607843768515719	大牛牛	小香风手提包	178xxxx1256	龚婷	广东省深圳市龙岗区	168
113444434034515719	小土豆	时尚斜挎包	195xxxx1234	李红	湖南省永州市冷水滩	189
113338145886515719	珍珠	小方包	133xxxx8952	方圆	广东省深圳市宝安区	168
113338145889515719	春天里	韩版斜挎包	186xxxx3402	李古	湖南省长沙市雨花区	99
118741699802515719	淘气猫	个性链条包	133xxxx5689	陈丽	湖南省长沙市天心区	89
990151421791515719	木子林	可爱手机包	155xxxx4561	肖云	广东省深圳市龙岗区	69
113444434033515719	爱笑的你	渐变单肩包	155xxxx4562	彭晓	湖南省长沙市岳麓区	268
113338145890515719	m123456	信封手提包	133xxxx5689	李倩	广东省深圳市龙岗区	128
113601784371695719	温某11	斜挎贝壳包	145xxxx2563	金莹	湖南省长沙市岳麓区	99

图 12-2 新建商品销售量统计表

步骤 ② 选择 G3:G13 单元格区域，在"开始"面板的"数字"选项板中，单击"会计数字格式"按钮，弹出列表框；选择"¥ 中文（中国）"选项，即可将 G3:G13 单元格中的内容显示的格式设置为货币格式，如图 12-3 所示。

步骤 ③ 选择 A2:G13 单元格区域，在"开始"面板的"样式"选项板中，单击"套用表格格式"按钮，弹出列表框；选择"橙色，表样式中等深浅 3"选项，如图 12-4 所示。

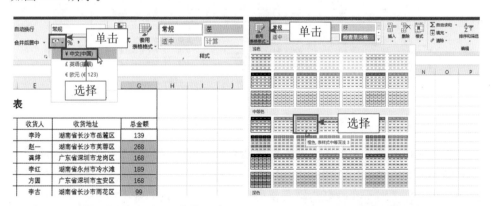

图 12-3 选择"¥ 中文（中国）"选项　　　　图 12-4 选择相应选项

步骤 ④ 弹出"套用表格式"对话框；单击"确定"按钮，如图 12-5 所示。

步骤 ⑤ 完成表格样式效果设置后，在工作表中选择 G3 单元格，在"设计"面板的"表格样式选项"选项板中，取消选中"筛选按钮"复选框，如图 12-6 所示。

步骤 ⑥ 取消工作表的筛选按钮后，表格的最终效果，如图 12-7 所示。

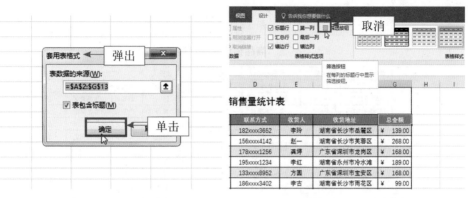

图 12-5　单击"确定"按钮　　　　图 12-6　取消选中"筛选按钮"复选框

图 12-7　取消工作表的筛选按钮

12.1.2　冻结表头便于查看数据

在销售数据情况表中，工作表的表头是很重要的，因为表头代表下面所对应列的内容名称，当工作表中的内容比较多，超过一屏时，查看第二屏的时候表头部分会看不到，对于商家在查看表格每一列数据时就会带来不便。

面对这种情况，我们可以运用 Excel 的冻结窗格功能，将表头冻结，这样在查看第二屏的时候也会显示表头，可以更方便地查看每一项的数据。下面为大家演示具体的操作步骤。

步骤 01　选择 A3 单元格，在"视图"面板的"窗口"选项板中，单击"冻结窗格"按钮，弹出列表框；选择"冻结拆分窗格"选项，如图 12-8 所示。

步骤 02　即可冻结工作表的表头，滚动鼠标滚轮，将显示下方的表格数据，而第二行的表格数据已被冻结，方便商家查看内容，效果如图 12-9 所示。

图 12-8 选择"冻结拆分窗格"选项

订单编号	淘宝昵称	商品名称	联系方式	收货人	收货地址	总金额
		商品销售量统计表				
1134444434034515719	小土豆	时尚斜挎包	195xxxx1234	李红	湖南省永州市冷水滩	¥ 189.00
1133381458865515719	珍珠	小方包	133xxxx8952	方圆	广东省深圳市宝安区	¥ 168.00
1133381458895515719	春天里	韩版斜挎包	186xxxx3402	李古	湖南省长沙市雨花区	¥ 99.00
1187416998025515719	淘气猫	个性链条包	133xxxx5689	陈丽	湖南省长沙市天心区	¥ 89.00
9901514217915515719	木子林	可爱手机包	155xxxx4561	肖云	广东省深圳市龙岗区	¥ 69.00
1134444434033515719	爱笑的你	浙安单角包	155xxxx4561	彭晓	湖南省长沙市岳麓区	¥ 268.00
1133381458905515719	m123456	信封手提包	133xxxx5689	李倩	广东省深圳市龙岗区	¥ 128.00
1136017843716955719	温某11	斜挎贝壳包	145xxxx2563	金莹	湖南省长沙市岳麓区	¥ 99.00

图 12-9 冻结工作表的表头

12.2 亏本商品分析

【知识解析】

无论是线下店铺还是电商，不可能所有的商品都能成为热销商品，总有一些商品不好卖，所以就有了冷门商品与热门商品的分类。在店铺运营的过程中不可能售卖的每一款商品都是盈利的状态，因此运营者要善于统计店铺不盈利的商品，如果统计结果显示某些商品确实不盈利，甚至达到了亏本的状态，那么要及时对这一类商品进行处理，避免更大的损失。

【效果欣赏】

本实例主要介绍制作"亏本商品统计分析表"的具体方法，亏本商品统计分析表的最终效果，如图 12-10 所示。

亏本商品统计分析表								
时间	商品名称	售价	进价	下单数量	付费流量产生费用	总销售金额	成本	利润
2021年2月	羽绒服	499	200	150	¥ 1,000.00	¥ 74,850.00	¥ 30,000.00	¥43,850.00
2021年2月	毛呢外套	399	150	200	¥ 500.00	¥ 79,800.00	¥ 30,000.00	¥49,300.00
2021年2月	打底衫	109	69	119	¥ 500.00	¥ 12,971.00	¥ 8,211.00	¥ 4,260.00
2021年2月	风衣	299	159	98	¥ 600.00	¥ 29,302.00	¥ 15,582.00	¥13,120.00
2021年2月	棉服	199	89	59	¥ 100.00	¥ 11,741.00	¥ 5,251.00	¥ 6,390.00
2021年2月	连衣裙	139	79	110	¥ 200.00	¥ 15,290.00	¥ 8,690.00	¥ 6,400.00
2021年2月	毛衣	168	99	99	¥ 80.00	¥ 16,632.00	¥ 9,801.00	¥ 6,751.00
2021年2月	卫衣	99	69	32	¥ 1,000.00	¥ 3,168.00	¥ 2,208.00	¥ -40.00
2021年2月	西装	239	130	20	¥ 100.00	¥ 4,780.00	¥ 2,600.00	¥ 2,080.00
2021年2月	衬衫	159	98	4	¥ 300.00	¥ 636.00	¥ 392.00	¥ -56.00
2021年2月	时尚套装	299	129	12	¥ 250.00	¥ 3,588.00	¥ 1,548.00	¥ 1,790.00

图 12-10　亏本商品统计分析表

【操作过程】

（1）新建一个名为"亏本商品统计分析表"的工作表，输入相关的信息内容。

（2）运用 Excel 的 SUM 函数，统计商品成本、总销售金额、商品利润等数据。

（3）运用 Excel 的条件格式功能，在工作表中突出显示不盈利商品。

12.2.1　创建亏本商品统计分析表

亏本商品统计分析表主要包含时间、商品名称、售价、进价、下单数量、付费流量产生费用、总销售金额、成本与利润等内容。下面以某一家店铺 2021 年 2 月亏本商品统计分析表的数据作为参考，分析其中的性质，具体操作步骤如下。

步骤 **01** 新建一个名为"亏本商品统计分析表"的工作表，在其中输入相关的信息内容，并设置行高与列宽、工作表的对齐方式、字体格式等属性，并为表格添加框线，效果如图 12-11 所示。

	A	B	C	D	E	F	G	H	I	J
1						亏本商品统计分析表				
2	时间	商品名称	售价	进价	下单数量	付费流量产生费用	总销售金额	成本	利润	
3	2021年2月	羽绒服	499	200	150	¥ 1,000.00				
4	2021年2月	毛呢外套	399	150	200	¥ 500.00				
5	2021年2月	打底衫	109	69	119	¥ 500.00				
6	2021年2月	风衣	299	159	98	¥ 600.00				
7	2021年2月	棉服	199	89	59	¥ 100.00				
8	2021年2月	连衣裙	139	79	110	¥ 200.00				
9	2021年2月	毛衣	168	99	99	¥ 80.00				
10	2021年2月	卫衣	99	69	32	¥ 1,000.00				
11	2021年2月	西装	239	130	20	¥ 100.00				
12	2021年2月	衬衫	159	98	4	¥ 300.00				
13	2021年2月	时尚套装	299	129	12	¥ 250.00				
14										

图 12-11　新建"亏本商品统计分析表"

步骤 **02** 选择 G3 单元格，输入公式 =SUM（C3*E3），如图 12-12 所示。

步骤 **03** 按 Enter 键确认，即可得出 G3 单元格的数据结果，选择 G3 单元格，将鼠标指针移至 G3 单元格右下角，当光标呈 ✛ 形状时，并向下拖曳至 G13 单元格，即可填充数据信息，统计所有商品的总销售金额，效果如图 12-13 所示。

图 12-12　输入公式

图 12-13　统计商品的总销售金额

步骤 04 选择 H3 单元格，输入公式 =SUM（D3*E3），如图 12-14 所示。

图 12-14　输入公式

步骤 ⑤ 按 Enter 键确认，即可得出 H3 单元格的数据结果，用与上同样的方法，统计所有商品的成本金额，如图 12-15 所示。

时间	商品名称	售价	进价	下单数量	付费流量产生费用	总销售金额	成本	利润
					亏本商品统计分析表			
2021年2月	羽绒服	499	200	150	¥ 1,000.00	¥ 74,850.00	¥ 30,000.00	
2021年2月	毛呢外套	399	150	200	¥ 500.00	¥ 79,800.00	¥ 30,000.00	
2021年2月	打底衫	109	69	119	¥ 500.00	¥ 12,971.00	¥ 8,211.00	
2021年2月	风衣	299	159	98	¥ 600.00	¥ 29,302.00	¥ 15,582.00	
2021年2月	棉服	199	89	59	¥ 100.00	¥ 11,741.00	¥ 5,251.00	
2021年2月	连衣裙	139	79	110	¥ 200.00	¥ 15,290.00	¥ 8,690.00	← 统计
2021年2月	毛衣	168	99	99	¥ 80.00	¥ 16,632.00	¥ 9,801.00	
2021年2月	卫衣	99	69	32	¥ 1,000.00	¥ 3,168.00	¥ 2,208.00	
2021年2月	西装	239	130	20	¥ 100.00	¥ 4,780.00	¥ 2,600.00	
2021年2月	衬衫	159	98	4	¥ 300.00	¥ 636.00	¥ 392.00	
2021年2月	时尚套装	299	129	12	¥ 250.00	¥ 3,588.00	¥ 1,548.00	

图 12-15 统计所有商品的成本金额

步骤 ⑥ 选择 I3 单元格，输入公式 =SUM（G3 － H3 － F3），如图 12-16 所示。

时间	商品名称	售价	进价	下单数量	付费流量产生费用	总销售金额	成本	利润
					亏本商品统计分析表			
2021年2月	羽绒服	499	200	150	¥ 1,000.00	¥ 74,850.00	¥	=SUM(G3-H3-F3)
2021年2月	毛呢外套	399	150	200	¥ 500.00	¥ 79,800.00	¥ 30,000.00	
2021年2月	打底衫	109	69	119	¥ 500.00	¥ 12,971.00	¥ 8,211.00	
2021年2月	风衣	299	159	98	¥ 600.00	¥ 29,302.00	¥ 15,582.00	
2021年2月	棉服	199	89	59	¥ 100.00	¥ 11,741.00	¥ 5,251.00	
2021年2月	连衣裙	139	79	110	¥ 200.00	¥ 15,290.00	¥ 8,690.00	
2021年2月	毛衣	168	99	99	¥ 80.00	¥ 16,632.00	¥ 9,801.00	
2021年2月	卫衣	99	69	32	¥ 1,000.00	¥ 3,168.00	¥ 2,208.00	
2021年2月	西装	239	130	20	¥ 100.00	¥ 4,780.00	¥ 2,600.00	
2021年2月	衬衫	159	98	4	¥ 300.00	¥ 636.00	¥ 392.00	
2021年2月	时尚套装	299	129	12	¥ 250.00	¥ 3,588.00	¥ 1,548.00	

输入

图 12-16 输入公式

步骤 ⑦ 按 Enter 键确认，即可得出 I3 单元格的数据结果，用以上同样的方法，统计所有商品的利润，如图 12-17 所示。

时间	商品名称	售价	进价	下单数量	付费流量产生费用	总销售金额	成本	利润
					亏本商品统计分析表			
2021年2月	羽绒服	499	200	150	¥ 1,000.00	¥ 74,850.00	¥ 30,000.00	¥43,850.00
2021年2月	毛呢外套	399	150	200	¥ 500.00	¥ 79,800.00	¥ 30,000.00	¥49,300.00
2021年2月	打底衫	109	69	119	¥ 500.00	¥ 12,971.00	¥ 8,211.00	¥ 4,260.00
2021年2月	风衣	299	159	98	¥ 600.00	¥ 29,302.00	¥ 15,582.00	¥13,120.00
2021年2月	棉服	199	89	59	¥ 100.00	¥ 11,741.00	¥ 5,251.00	¥ 6,390.00
2021年2月	连衣裙	139	79	110	¥ 200.00	¥ 15,290.00	¥ 8,690.00	¥ 6,400.00	← 统计
2021年2月	毛衣	168	99	99	¥ 80.00	¥ 16,632.00	¥ 9,801.00	¥ 6,751.00
2021年2月	卫衣	99	69	32	¥ 1,000.00	¥ 3,168.00	¥ 2,208.00	¥ -40.00
2021年2月	西装	239	130	20	¥ 100.00	¥ 4,780.00	¥ 2,600.00	¥ 2,080.00
2021年2月	衬衫	159	98	4	¥ 300.00	¥ 636.00	¥ 392.00	¥ -56.00
2021年2月	时尚套装	299	129	12	¥ 250.00	¥ 3,588.00	¥ 1,548.00	¥ 1,790.00

图 12-17 统计所有商品的利润

12.2.2　突出显示亏本商品信息

商家可以运用 Excel 的条件格式功能，对店铺中不盈利的商品用颜色标记出来，这样既能让商家一目了然地知道店铺中哪一款商品不盈利，及时对商品进行登记处理，也便于以后对不盈利商品的统计。下面为大家演示具体操作步骤。

步骤 01　在工作表中选择 I3:I13 单元格区域，在"开始"面板的"样式"选项板中，单击"条件格式"按钮，弹出列表框，选择"突出显示单元格规则"→"小于"选项，如图 12-18 所示。

步骤 02　弹出"小于"对话框，在对话框中输入相应参数，如图 12-19 所示。

图 12-18　选择相应选项

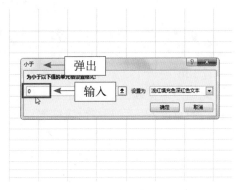

图 12-19　输入相应参数

步骤 03　单击"确定"按钮，即可在工作表中突出显示不盈利商品的单元格为浅红填充色深红色文本，如图 12-20 所示。至此，便可完成亏本商品统计分析表的制作。

	A	B	C	D	E	F	G	H	I	J
1	亏本商品统计分析表									
2	时间	商品名称	售价	进价	下单数量	付费流量产生费用	总销售金额	成本	利润	
3	2021年2月	羽绒服	499	200	150	¥　1,000.00	¥　74,850.00	¥　30,000.00	¥43,850.00	
4	2021年2月	毛呢外套	399	150	200	¥　500.00	¥　79,800.00	¥　30,000.00	¥49,300.00	
5	2021年2月	打底衫	109	69	119	¥　500.00	¥　12,971.00	¥　8,211.00	¥　4,260.00	
6	2021年2月	风衣	299	159	98	¥　600.00	¥　29,302.00	¥　15,582.00	¥13,120.00	
7	2021年2月	棉服	199	89	59	¥　100.00	¥　11,741.00	¥　5,251.00	¥　6,390.00	
8	2021年2月	连衣裙	139	79	110	¥　200.00	¥　15,290.00	¥　8,690.00	¥　6,400.00	
9	2021年2月	毛衣	168	99	99	¥　80.00	¥　16,632.00	¥　9,801.00	¥　6,751.00	
10	2021年2月	卫衣	99	69	32	¥　1,000.00	¥　3,168.00	¥　2,208.00	¥　-40.00	
11	2021年2月	西裤	239	130	20	¥　100.00	¥　4,780.00	¥　2,600.00	¥　2,080.00	
12	2021年2月	衬衫	159	98	4	¥　300.00	¥　636.00	¥　392.00	¥　-56.00	
13	2021年2月	时尚套装	299	129	12	¥　250.00	¥　3,588.00	¥　1,548.00	¥　1,790.00	
14										
15										

图 12-20　突出显示不盈利商品

专家提醒

　　除了以上方法突出显示不盈利商品的颜色，还可以选择 I3:I13 单元格区域，单击"条件格式"按钮，弹出列表框。选择"新建规则"，弹出"新建格式规则"对话框。在"选择规则类型"下方选择"使用公式确定要设置的单元格"选项，在"编辑规则"下方输入相应的参数。单击"格式"按钮，弹出"设置单元格格式"对话框，设置相应的颜色。单击"确定"按钮，即可在工作表中突出显示不盈利商品。

12.3　商品退货退款分析

【知识解析】

　　无论是运营线上店铺还是线下店铺都会面临一个问题，那就是顾客退货退款问题，通常情况下只要符合店铺退货退款的要求，店铺就会对顾客进行商品退货退款。这相当于商家给顾客的一个承诺，这个承诺能加大顾客在店铺购买的意愿。

　　众所周知，在电商运营中顾客的每一次退货都会影响店铺的评分，同时店铺也会损失盈利，对于线上店铺来说，顾客退货是一件很重要的事情，必须要对这一情况进行规避，所以商家每天应统计退货商品的详细信息，分析顾客退货的原因，思考如何让顾客取消退货的想法，维护好顾客情绪，及时改正不足之处，让商品的退货率越来越小，店铺也要做到至善至美。

【效果欣赏】

　　本实例主要介绍"商品退货退款统计表"的具体方法，商品退货退款统计表的最终效果，如图 12-21 所示。

商品退货退款统计表									
订单编号	下单日期	买家	购买商品	联系手机	收货人	收货地址	付款金额	退货金额	退款类型	退款原因
113568234	2021/3/5	多收西	森系单肩包	132xxxx1234	李晴	湖南省长沙市芙蓉区	169	139	全额退款	7天无理由退换
113775032	2021/3/5	同一	复古美伦包	133xxxx2143	赵前	湖南省长沙市岳麓区	268	50	部分退款	退差价
113789082	2021/3/5	大金柜	小香风手提包	135xxxx5321	吴析	上海市闵行区	168	168	全额退款	7天无理由退换
113787032	2021/3/5	土豆泥	时尚托特包	138xxxx4546	李解	浙江省杭州市萧山区	189	189	全额退款	7天无理由退换
113789045	2021/3/5	贝壳	小方包	139xxxx5657	方煌	广东省深圳市宝安区	168	168	全额退款	卖家发错货
113789066	2021/3/5	花咖啡	韩版斜挎包	150xxxx6564	周末	江西省南昌市东湖区	99	10	部分退款	退运费
113789081	2021/3/5	海气囔	个性链条包	152xxxx7080	周仙	江苏省苏州市姑苏区	89	89	全额退款	配送超时
113789067	2021/3/5	木子林	手机包	181xxxx9099	云王	江苏省南京市鼓楼区	69	69	全额退款	配送超时
113134032	2021/3/5	算款	斯文单肩包	170xxxx7271	靳伙	浙江省杭州市西湖区	268	268	全额退款	质量问题
113783332	2021/3/5	ml2tb56	信封手提包	188xxxx4342	余峰	广东省深圳市南山区	128	128	全额退款	7天无理由退换
113781041	2021/3/5	某11	千金贝壳包	171xxxx8080	马踢	湖南省长沙市芙蓉区	99	10	部分退款	退运费

退款原因	七天无理由退换	退差价	卖家发错货	退运费	配送超时	质量问题
数量	5	1	1	2	1	1

图 12-21　商品退货退款统计表

【操作过程】

（1）新建一个名为"商品退货退款统计表"的工作表，输入相关的信息内容。

（2）运用 Excel 的数据工具，删除工作表中退货原因的重复项。

（3）运用 Excel 的 COUNTIF 函数，统计各种退货原因的数量。

（4）在工作表中插入条形图，并设置条形图的坐标轴格式等操作。

12.3.1　创建商品退货退款统计表

顾客如果要进行退货，首先要进行退货申请，其中就要填写退货原因，顾客如果要进行退款可以直接在店铺订单详情页面申请退款，商家可以根据这些退货、退款原因进行统计分析。下面以某一家淘宝店铺的退货退款详情进行数据分析。

运营者可以先建一个名为"商品退货退款统计表"的工作表，在其中输入相关的信息内容，设置行高与列宽、对齐方式、字体格式等属性，并为表格添加框线效果，如图 12-22 所示。

订单编号	下单日期	买家	购买商品	联系手机	收货人	收货地址	付款金额	退货金额	退款类型	退款原因
113568234	2021/3/5	多啦西	森系单肩包	132xxxx1234	李楠	湖南省长沙市芙蓉区	169	139	全额退款	7天无理由退换
113775032	2021/3/5	阿一	复古英伦包	133xxxx2143	赵前	湖南省长沙市岳麓区	268	50	部分退款	退差价
113789082	2021/3/5	大金柜	小香风手提包	135xxxx5321	龚析	上海市闵行区	168	168	全额退款	7天无理由退换
113787032	2021/3/5	土豆泥	时尚托特包	138xxxx4546	李解	浙江省杭州市萧山区	189	189	全额退款	7天无理由退换
113789045	2021/3/5	贝壳	小方包	139xxxx5657	方莲	广东省深圳市宝安区	168	168	全额退款	卖家发错货
113789066	2021/3/5	花蝴蝶	韩版斜跨包	150xxxx6564	周末	江西省南昌市东湖区	99	10	部分退款	退运费
113789081	2021/3/5	淘气帽	个性链条包	152xxxx7080	昆仙	江苏省苏州市姑苏区	89	89	全额退款	质量问题
113789067	2021/3/5	木子林	手机包	181xxxx9099	云至	江苏省无锡市锡山区	69	69	全额退款	配送超时
113134032	2021/3/5	算数	渐变单肩包	179xxxx7271	彭优	浙江省杭州市西湖区	268	268	全额退款	质量问题
113783332	2021/3/5	m12tb56	信封手提包	188xxxx4342	余味	广东省深圳市龙岗区	128	128	全额退款	7天无理由退换
113781041	2021/3/5	某11	手拿贝壳包	171xxxx8080	贝瑶	湖南省长沙市芙蓉区	99	10	部分退款	退运费

图 12-22　输入相关的信息内容

12.3.2　删除工作表中的重复数据

在店铺中，顾客给出一些商品的退货原因是一样的，可以通过 Excel 的数据工具删除重复的退货原因，便于商家统计退货原因产生的次数。下面带大家一起操作如何删除工作表的重复数据。

步骤 01　在工作表中选择 K2:K13 单元格区域，按 Ctrl+C 组合键复制 K2:K13 单元格区域的内容，选择 A16 单元格，按 Ctrl+V 组合键，即可将 K2:K13 单元格区域的内容粘贴至 A16:A27 单元格区域，如图 12-23 所示。

步骤 02　选择 A16:A27 单元格区域，在"数据"面板的"数据工具"选项板中，单击"删除重复值"按钮，如图 12-24 所示。

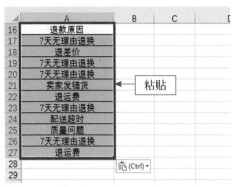

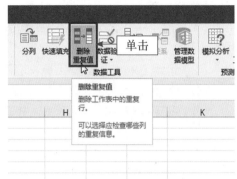

图 12-23 粘贴相应单元格区域的内容　　　图 12-24 单击"删除重复值"按钮

步骤 03 弹出"删除重复值"对话框，选中"列 A"复选框，如图 12-25 所示。

步骤 04 单击"确定"按钮，弹出 Microsoft Excel 对话框，提示已删除重复值，单击"确定"按钮，即可删除重复的内容，如图 12-26 所示。

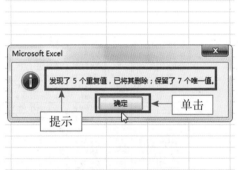

图 12-25 选中"列 A"复选框　　　　图 12-26 提示已删除重复值

专家提醒

　　除了以上方法粘贴单元格的内容，还可以选择 A16:A22 单元格区域，单击鼠标右键，弹出快捷菜单，选择"复制"选项，即可复制相关内容。选择 A15 单元格，单击鼠标右键，弹出快捷菜单，单击"转置"按钮，即可将相应单元格内容粘贴至 A15:G15 单元格区域。

步骤 05 选择 A16:A22 单元格区域，用与上同样的方法，复制单元格区域的内容，再选择 A15 单元格，用与上同样的方法粘贴相应单元格内容，如

图 12-27 所示。

步骤 ⑥　将鼠标指针移至 A21 单元格右下角，单击 A21 单元格右侧的"粘贴选项"按钮，弹出列表框；选择"转置"选项，如图 12-28 所示。

图 12-27　粘贴相应单元格内容

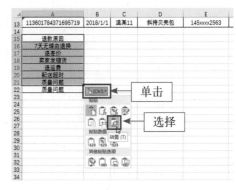

图 12-28　选择"转置"选项

步骤 ⑦　将复制的 A16:A21 单元格区域内容粘贴至 A15:G15 单元格区域后，选择 A16:A22 单元格区域，单击鼠标右键，弹出快捷菜单，选择"删除"选项，如图 12-29 所示。

步骤 ⑧　弹出"删除"对话框，单击"确定"按钮，如图 12-30 所示。

图 12-29　选择"删除"选项

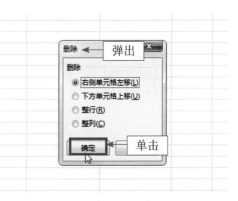

图 12-30　单击"确定"按钮

步骤 ⑨　操作完成后，即可删除 A16:A22 单元格区域的内容。选择 A16:G16 单元格区域，输入相关的信息内容，调整行高与列宽属性，设置对齐方式属性以及添加相应框线效果，如图 12-31 所示。

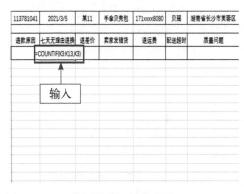

图 12-31　添加相应框线效果

12.3.3　用函数统计退货原因次数

商家在统计各种退货原因的时候可以运用 Excel 的 COUNTIF 函数，迅速计算各种退货原因的次数，可以使商家快速知道哪些是买家最常用的退货原因。下面我们统计一下这家店铺的退货原因次数。

步骤 01 选择 B16 单元格，在其中输入公式 =COUNTIF（K3:K13，K3），如图 12-32 所示。

步骤 02 按 Enter 键确认，即可得出 B16 单元格的数据结果，统计"七天无理由退换"退货原因的次数，如图 12-33 所示。

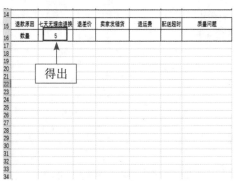

图 12-32　输入公式　　　　图 12-33　统计相应退货原因的次数

步骤 03 选择 B16 单元格，将鼠标指针移至 B16 单元格右下角，当光标呈 ✚ 形状时，并向右拖曳至 G16 单元格，统计其他退货原因的次数，如图 12-34 所示。

商品退货退款统计表										
订单编号	下单日期	买家	购买商品	联系手机	收货人	收货地址	付款金额	退货金额	退款类型	退款原因
113568234	2021/3/5	多啦西	森系单肩包	132xxxx1234	李幡	湖南省长沙市芙蓉区	169	139	全额退款	7天无理由退换
113775032	2021/3/5	阿一	复古英伦包	133xxxx2143	赵前	湖南省长沙市岳麓区	268	50	部分退款	退差价
113789082	2021/3/5	大金柜	小香风手提包	135xxxx5321	龚析	上海市闵行区	168	168	全额退款	7天无理由退换
113787032	2021/3/5	土豆泥	时尚托特包	138xxxx4546	李解	浙江省杭州市萧山区	189	189	全额退款	7天无理由退换
113789045	2021/3/5	贝先	小方包	139xxxx5657	方莲	广东省深圳市龙岗区	168	168	全额退款	卖家发错货
113789066	2021/3/5	花蝴蝶	韩版斜跨包	150xxxx6564	周末	江西省南昌市东湖区	99	10	部分退款	退运费
113789081	2021/3/5	淘气帽	个性链条包	152xxxx7080	晁仙	江苏省苏州市姑苏区	89	89	全额退款	7天无理由退换
113789067	2021/3/5	木子林	手机包	181xxxx9099	云至	江苏省常州市锡山区	69	69	全额退款	配送超时
113134032	2021/3/5	算敦	渐变单肩包	179xxxx7271	彭优	浙江省杭州市西湖区	268	268	全额退款	质量问题
113783332	2021/3/5	m12tb56	信封手提包	188xxxx4342	余味	广东省深圳市龙岗区	128	128	全额退款	7天无理由退换
113781041	2021/3/5	某11	手拿贝壳包	171xxxx8080	贝瑶	湖南省长沙市芙蓉区	99	10	部分退款	退运费
退款原因	7天无理由退换	退差价	卖家发错货	退运费	配送超时	质量问题				
数量	5	1	1	2	1	1				

图 12-34 统计其他退货原因的次数

专家提醒

除了以上方法统计"七天无理由退换"退货原因的次数，还可以选择 B16 单元格，输入公式 =COUNTIF（K3:K13,"七天无理由退换"），即可得出 B16 单元格的数据结果，统计"七天无理由退换"退货原因的次数。套用以上的公式，也可统计其他退货原因次数。

12.3.4 创建条形图查看数据信息

商家还可以通过用条形图的方式，查看商品的退货原因产生的次数，分析商品主要退货原因，从而制定相应的营销政策。创建条形图的具体步骤如下。

步骤 01 选择 A15:G16 单元格区域，在"插入"面板的"图表"选项板中，单击"插入柱形图或条形图"按钮，弹出列表框，选择"簇状条形图"选项，即可在工作表中插入簇状条形图，效果如图 12-35 所示。

步骤 02 在图表中选择"数量"文本框，将"数量"修改为"商品退货情况分析"，即可修改图表标题，如图 12-36 所示。

步骤 03 在图表中选择"水平（值）轴"选项，单击鼠标右键，弹出快捷菜单，选择"设置坐标轴格式"选项，如图 12-37 所示。

步骤 04 弹出"设置坐标轴格式"面板，在"边界"下的"最大值"右侧的文本框中输入相应的参数，如图 12-38 所示。

步骤 05 单击"设置坐标轴格式"面板右上角的"关闭"按钮，关闭"设置坐标轴格式"面板，即可设置水平（值）轴的格式，效果如图 12-39 所示。

步骤 06 在"设计"面板的"图表布局"选项板中，单击"添加图表元素"

按钮，弹出列表框，选择"图例"→"顶部"选项，如图 12-40 所示。

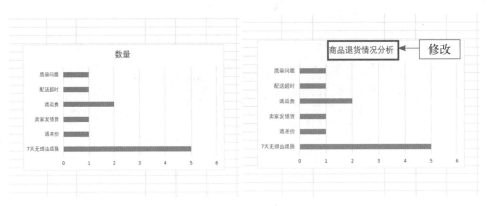

图 12-35　在工作表中插入簇状条形图　　　　图 12-36　修改图表标题

图 12-37　选择"设置坐标轴格式"选项

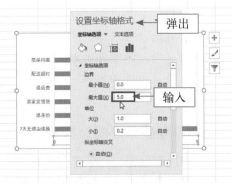

图 12-38　输入相应的参数

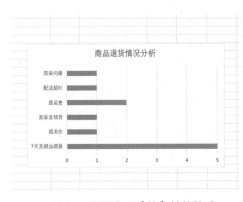

图 12-39　设置水平（值）轴的格式

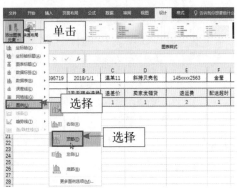

图 12-40　选择相应选项

步骤 ⑦ 即可在图表的顶部添加图例，选择图表中的蓝色柱形条，单击鼠标右键，弹出快捷菜单，选择"添加数据标签"选项，即可在图表中添加数据标签，效果如图 12-41 所示。

步骤 ⑧ 选择图表，在"设计"面板的"图表样式"选项板中，选择"样式 2"选项，即可设置图表样式，并调整图表的大小，效果如图 12-42 所示。至此，便可完成商品退货退款统计表的制作。

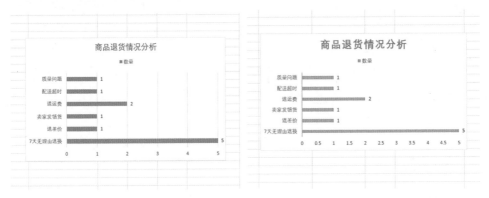

图 12-41　在图表中添加数据标签　　　　图 12-42　调整图表的大小